全国“八五”普法
统编读本

U0822692

民法典学习读本

全国普及法律常识办公室 组编

中国法制出版社
CHINA LEGAL PUBLISHING HOUSE

编写顾问：王利明（中国人民大学一级教授、博士生导师）
王　铁（中国人民大学教授、博士生导师）
高圣平（中国人民大学教授、博士生导师）
朱　虎（中国人民大学教授、博士生导师）

撰 稿 人：任九岱　张玉双　陈睿凝　朱澍之　张玉涛
方瑾业　张婧婕　袁怡晨　邢焱鹏

前言

习近平总书记强调，民法典要实施好，就必须让民法典走到群众身边、走进群众心里。要加强民法典重大意义的宣传教育，讲清楚实施好民法典。《中共中央、国务院转发〈中央宣传部、司法部关于开展法治宣传教育的第八个五年规划（2021–2025年）的通知〉》指出，要广泛开展民法典普法工作，阐释好民法典中国特色社会主义的特质，阐释好民法典关于民事活动平等、自愿、公平、诚信等基本原则，阐释好民法典关于坚持主体平等、保护财产权利、便利交易流转、维护人格尊严、促进家庭和谐、追究侵权责任等基本要求，阐释好民法典一系列新规定新概念新精神。《全国人民代表大会常务委员会关于开展第八个五年法治宣传教育的决议》也提出，要深入宣传民法典，全面提升民法典普法质量，让民法典深入人心。

民法典是一部社会生活的百科全书，也是人民群众保护自身权益的法典，是全体社会成员都必须遵循的法律规范。宣传普及民法典中的法律知识，引导人民群众尊法学法守法用法，对于弘扬法治精神、建设法治社会具有重大意义。为了贯彻落实民法典普法工作的要求，全国普法办根据《全国“八五”普法统编读本编写工作方案》，组织专家编写了《民法典学习读本》。本书精选了与人民群众生活密切相关的民法典法律问题进行解答，涉及经济社会生活的方方面面，并采取了以案普法、以案释法的形式，用生动有趣的案例故事、通俗易懂的法律分析深入浅出地讲好民法典普法的公开课，为广大干部群众提供权威准确的民法典学习读本。

本书由中国人民大学法学院的专家学者编写，全国人大常委会法制工作委员会民法室对本书的内容进行了认真审核，提出了宝贵意见，在此一并感谢。由于编者水平有限，不足之处，在所难免，还请广大读者批评指正！

目录

第一章　总则编

1 用人单位让职工签订自愿放弃社保的协议有效吗？ / 003
2 代孕合同是否具有法律效力？ / 004
3 胎儿能够继承遗产、接受赠与吗？ / 006
4 未成年人大额打赏网络主播的行为有效吗？ / 007
5 什么是成年意定监护？ / 009
6 虐待子女的父母可以被撤销监护权吗？ / 010
7 房屋买卖签订阴阳合同，用赠与过户的方式真的可以“避税”吗？ / 011
8 买车被欺诈能否请求撤销合同？ / 013
9 恶意串通的逃债行为是否无效？ / 014
10 因见义勇为不幸溺水身亡，被救者是否要为此承担责任？ / 016
11 侵害英雄烈士的姓名、肖像、名誉等是否需要承担民事责任？ / 017
12 超过诉讼时效的欠款受法律保护吗？ / 019

第二章　物权编

13 “一房二卖”时房屋归谁所有？ / 023
14 承包地被国家依法征收后，被征收人能获得补偿吗？ / 024

15 房屋被他人霸占并损坏，应当如何维权？ / 026
16 个人财产因疫情紧急需要被依法征用后，被征用人享有哪些权利？ / 027
17 疫情期间违反小区防疫措施意外受伤，能获得赔偿吗？ / 029
18 小区内规划车位、车库应当归谁所有？ / 030
19 业主能否以不使用建筑物共有部分为由拒绝缴纳共有部分物业管理费？ / 032
20 建筑物及其附属设施的维修资金应当如何筹集和使用？ / 033
21 利用小区建筑物共有部分打广告需要经过小区业主同意吗？ / 035
22 住改商扰民，其他业主应当如何维权？ / 036
23 邻居影响自家通风、采光或噪声扰民时怎么办？ / 038
24 邻居维修下水管道需要凿开自家卫生间，是否应当提供便利？ / 039
25 经民主决策以合理方式在老旧小区加装电梯是否受法律保护？ / 040
26 共有人的花盆从阳台坠落砸坏楼下停放的汽车，应当由谁赔偿？ / 042
27 擅自将朋友的玉石卖给邻居，邻居能取得所有权吗？ / 043
28 承租人对房屋进行过装修，租约到期后装饰装修物应当归谁所有？ / 045
29 土地经营权应当如何流转？ / 046
30 房屋所有权人可以通过合同为他人设定居住权吗？ / 048
31 土地经营权是否可以用来抵押？ / 049
32 房屋被出租后再抵押，对承租人有影响吗？ / 051
33 已经抵押的房屋还可以再次转让吗？ / 052
34 同一财产上并存数个抵押权时应该如何处理？ / 054
35 同一财产上既有抵押权又有质权时应该如何处理？ / 056
36 质权人擅自处分质押汽车并造成损坏，出质人该如何维护自身权益？ / 057
37 不支付维修费，维修人可以留置维修物吗？ / 059

第三章 合同编

38 口头订立的合同是否具有法律效力？ / 063

39 购房后发现开发商虚假宣传，购房者应如何维权？ / 064

40 商家擅自取消网购订单，消费者该如何维权？ / 066

41 开发商将已经签订订购协议的房屋再出售给第三人，原购房者能否依据协议要求开发商交付房屋？ / 068

42 旅游合同中约定因第三方侵害导致旅游者人身、财产权益受损，旅行社不承担赔偿责任的条款是否有效？ / 070

43 债务人提前清偿债务，债权人是否可以拒绝？ / 072

44 合同中负有先履行义务的一方发现对方经营状况严重恶化时，应该怎么办？ / 073

45 经营者变更企业名称并拒绝履行合同义务的，消费者是否有权要求其承担违约责任？ / 075

46 因客观情况发生变化导致合同继续履行会对一方造成明显不公平，当事人应该如何维护自身权利？ / 076

47 商家擅自以次充好欺骗消费者，消费者是否有权要求其赔偿损失？ / 078

48 合同中约定的“定金”和“订金”有何不同？ / 079

49 出租屋垃圾成山，房东拒收后，闲置一年的损失由谁承担？ / 081

50 在订立买卖合同后，出卖人按时交付了货物，但没有交付相应发票，构成违约吗？ / 083

51 经营者在提供商品时有欺诈行为的，消费者可以主张“退一赔三”的惩罚性赔偿吗？ / 084

52 出卖人交付的货物不符合质量要求，买受人该怎样维权？ / 086

53 在分期付款买卖合同中，买受人未支付某一期价款，出卖人是否可以直接要求其支付剩余的全部价款？ / 087

54 在试用买卖中，买受人在试用期限届满时没有作出明确的购买表示，卖家是否可以要求其付款？ / 089

55 在签订了一份具有公益或道德义务性质的赠与合同后，赠与人可以因反悔而撤销该合同吗？ / 090

56 父母将房产赠与子女后，子女不履行赡养义务，父母可以撤销赠与吗？ / 092

57 “套路贷”“校园贷”等高利放贷行为受法律保护吗？ / 093

58 基于情感因素为对方“打欠条”，但并未发生借款事实，对方能以“欠条”为由主张还款吗？ / 095

59 自然人在借款合同中对利息没有约定，当还款期限届满时，贷款人可以要求借款人支付利息吗？ / 096

60 朋友向他人借钱时，自己答应作保证人，债务到期后朋友还不上钱，自己需要承担何种责任？ / 097

61 在房屋租赁期间，承租人擅自拆改、扩建，出租人可以解除合同吗？ / 099

62 在租赁期间，承租人可以将租赁物转租给他人吗？ / 101

63 租赁物存在质量瑕疵，危及人身安全，承租人是否可以随时要求解除租赁合同？ / 103

64 旅客的“霸座”行为会受到什么处罚？ / 105

65 在运输过程中，如果乘客突发急病，承运人有救助义务吗？ / 106

66 如果货物在运输途中丢失，托运人能否要求全额赔偿？ / 108

67 消费者将物品存入超市的自助寄存柜后，物品却意外丢失，超市应当承担赔偿责任吗？ / 110

68 小区道路积水导致业主的车辆受损，损失由谁承担？ / 112

69 物业服务合同终止后，物业公司需要履行什么义务？ / 113

70 委托人“跳单”了，中介人可以要求中介费吗？ / 115

第四章 人格权编

71 在网络上擅自侮辱、诽谤死者，是否应当承担法律责任？ / 119
72 乘车发生事故被毁容，受害人能否以合同名义主张精神损害赔偿？ / 120
73 行为人即将实施侵权行为，被害人能否向人民法院申请禁止该行为？ / 122
74 商场擅自对顾客搜身，顾客应如何维护自己的权益？ / 123
75 自然人意外离世，死者的器官捐献谁说了算？ / 124
76 高中生因为攀比心理打算卖肾购买新款手机，该行为是否有效？ / 126
77 人体临床试验要向受试者告知相应风险并收取费用吗？ / 127
78 行为人之间订立买卖胎盘干细胞的合同，该合同有效吗？ / 129
79 “咸猪手”等性骚扰行为应当承担何种法律责任？ / 130
80 父母可以给自己的子女取名为“春秋战国”吗？ / 131
81 未经权利人同意，擅自使用他人肖像进行广告宣传，是否构成侵权？ / 133
82 媒体恶意报道女明星作为第三者破坏他人婚姻，并且使用侮辱性词语，是否构成侵权？ / 135
83 银行误报贷款信息，导致他人信用评价降低，无法向银行贷款，是否构成侵权？ / 137
84 公民在多个微信群中发布侮辱、诽谤、污蔑或者贬损他人的言论，是否构成名誉权侵权？ / 138
85 媒体如实曝光食品安全问题构不构成侵权行为？ / 140
86 “人肉搜索”是否需要承担民事责任？ / 141
87 手机服务运营者未经客户同意，向客户滥发商业短信和打骚扰电话，是否侵犯他人隐私？ / 143
88 擅自在酒店房间安装摄像头偷窥他人，是否侵犯入住人的隐私权？ / 145
89 应用软件或者小程序能否通过默认勾选取得用户同意的方式处理用户的个人信息？ / 146
90 游乐场擅自将顾客入园方式从指纹识别改为人脸识别，顾客可以拒绝吗？ / 148

第五章 婚姻家庭编

91 重婚以及夫妻一方与他人同居在违反道德的同时是否也违反了法律？ / 153
92 因家庭暴力而提起的离婚诉讼中，受害一方能否请求损害赔偿？ / 154
93 有效的婚姻需要满足哪些条件？ / 155
94 夫妻一方婚前隐瞒重大疾病，另一方可以请求撤销婚姻关系吗？ / 157
95 继子女是否应当赡养继父母？ / 159
96 同父母签下断绝关系协议，是否就可以不承担赡养父母的义务？ / 160
97 独居老人的医疗费由谁支付？ / 162
98 离婚时，夫妻共同财产如何认定？ / 163
99 遗嘱中规定由夫妻一方继承的财产，还属于夫妻共同财产吗？ / 166
100 夫妻一方擅自转移共同财产，离婚时是否可以追回？ / 167
101 夫妻一方与他人基于不正当关系的赠与行为是否有效？ / 169
102 夫妻一方借款给孩子看病，是否属于夫妻共同债务？ / 170
103 婚姻存续期间，夫妻一方是否可以要求分割财产？ / 172
104 离婚时，夫妻共同财产如何分割？ / 173
105 夫妻双方应该如何协议离婚？ / 175
106 妻子流产不足六个月，丈夫可以与妻子离婚吗？ / 176
107 妻子请求跟好赌丈夫离婚，法院会支持吗？ / 178
108 法院判决不准离婚后，夫妻又分居满一年的，能再起诉离婚吗？ / 180
109 父母离婚后，子女归谁抚养？ / 181
110 离婚后孩子归对方，探望权该如何实现？ / 183
111 全职主妇的家务劳动补偿该如何实现？ / 185

112 夫妻一方婚内出轨，另一方在离婚时是否可以主张赔偿？ / 186
113 想要收养子女，自身需要满足什么条件？ / 188

第六章 继承编

114 遗腹子成活十天后死亡，是否享有继承权？ / 193
115 被继承人留遗嘱，同居伴侣能否参与分配抚恤金？ / 195
116 独居老人将家产遗赠给居委会，“失联”子女能否争继承？ / 197
117 老人去世后留下一纸遗愿，到底是家书还是遗嘱？ / 198
118 儿子虐待父亲后悔过，还能继承遗产吗？ / 200
119 不孝的亲子和尽孝的继子，谁优先继承遗产？ / 202
120 孤寡老人留下房产，侄子有权继承吗？ / 204
121 家底丰厚，四世同堂，如何确保身后财产跨代传承、保值增值？ / 206
122 受遗赠人不履行遗嘱所设定的义务，应当如何处理？ / 208
123 打印遗嘱有法律效力吗？ / 210
124 用手机录制的视频遗嘱是否有效？ / 212
125 偏心母亲将遗产留给儿子，残疾女儿无人养，这份遗嘱有效吗？ / 214
126 婆婆留下两份遗嘱，市值千万的房产到底该归谁？ / 216
127 债务人突然病逝，后继无人的房产该找谁过户？ / 218
128 借款人突然去世，究竟是“人死债清”还是“父债子还”？ / 220

第七章 侵权责任编

129 楼上漏水到楼下新房，该由谁来赔偿？ / 225
130 老伯扑到行驶的车下被轧死，谁之过？ / 227

131 男子和邻居打架致其受伤，赔偿范围该如何确定？ / 228
132 幼儿玩耍致人损害，监护人如何担责？ / 230
133 公司员工送货途中撞伤路人，由谁来赔？ / 232
134 村民私自摘杨梅跌落致死，村民委员会是否承担责任？ / 234
135 在微信群里公然辱骂他人，是否担责？ / 236
136 乐于助人且无过错需不需要承担侵权责任？ / 237
137 汽车司机因安全气囊未爆开弹出受重伤，生产者是否要赔？ / 239
138 好意搭乘同事出车祸，该由谁来赔？ / 240
139 羽毛球场上被球击伤，谁来负责？ / 242
140 去医院看腰竟病危死亡，医院要承担责任吗？ / 244
141 厂区乳化液因暴雨溢出，致村民承包地上的庄稼死亡，村民如何索赔？ / 246
142 修车工人作业时导致罐体发生爆燃致其死亡，谁来担责？ / 248
143 流浪恶犬伤人，该由谁承担责任？ / 250
144 从天而降的牛奶盒砸伤行人，伤者应找谁索赔？ / 252

第一章

总则编

1 用人单位让职工签订自愿放弃社保的协议有效吗?

关键词:自愿原则 强制性规定 社会保险

有些用人单位为了降低人力成本,让职工签订放弃社保的协议,职场新人张兰[①]所在的公司就是如此。在通过工作面试后,她被老板要求签订自愿放弃社保的协议,如果不签协议则不予录用。协议内容大致如下:本人自愿放弃办理社会保险,在职期间及离职以后不会要求公司为本人补办社会保险,如果由于本人的决定而引起社保局对公司作出处罚,由本人自行负责。张兰为了顺利入职不得不同意签订该协议。一年后,张兰离职,要求该公司为其补缴社会保险费,而公司却以张兰曾签订过自愿放弃社保的协议为由拒绝为其补缴社会保险费。

普法讲堂

自愿原则是民法的基本原则之一,规定在《民法典》第 5 条,是指民事主体有权根据自己的意愿,自愿从事民事活动。但自愿并不是没有限度的,根据《民法典》第 153 条第 1 款的规定,违反法律、行政法规的强制性规定的民事法律行为无效。同时,《社会保险法》规定职工应当参加基本养老保险、基本医疗保险、工伤保险、失业保险、生育保险,保险费由用人单位和职工按照国家规定进行缴纳。《劳动法》第 72 条也规定,用人单

① 本书案例中的人名和公司名均为化名。

位和劳动者必须依法参加社会保险，缴纳社会保险费，即职工参加社会保险，用人单位和职工缴纳社会保险费是法律的强制性规定，是不能通过自愿协议约定放弃的。

本案中，张兰和公司所签订的自愿放弃社保的协议违反了《社会保险法》和《劳动法》的规定。上述规定属于法律的强制性规定，该自愿协议因违反法律的强制性规定而属于无效协议。作为无效协议，它对张兰和公司双方都没有法律约束力，公司仍然应当承担为张兰缴纳社会保险费的义务，与此同时，张兰自己也有缴纳社会保险费的义务。

法律链接

《民法典》第5条、第153条；《社会保险法》第10条、第23条、第33条、第44条、第53条；《劳动法》第72条

2 代孕合同是否具有法律效力？

关键词：公序良俗　代孕合同

李明和张婷结婚多年未育，经医生诊断发现张婷由于身体原因无法生育。求子心切的夫妻二人找到了一家代孕公司，希望能通过代孕的方式要一个孩子。这家代孕公司向夫妻二人展示了一份详细的价目表，代孕价格依据代孕妈妈的年龄、生育次数、文化程度和长相等作了详细的区分。该代孕公司还明确表示，无论选择哪一种类型的代孕妈妈，李明和张婷夫妇都需要支付给公司代孕价格的20%作为服务费。协商之后，夫妻二人与代孕公司签订了代孕合同，并预付了部分代孕费和服务费。事后，李明和张婷因无法承受过高

的代孕费用想毁约，但代孕公司以已经签订了合法有效的代孕合同为由拒绝李明和张婷的毁约请求。于是，李明和张婷起诉至法院，请求确认代孕合同无效。

普法讲堂

《人类辅助生殖技术管理办法》第3条明令禁止医疗机构和医务人员实施任何形式的代孕技术。就商业代孕而言，其以经济利益为目的，一定程度上将生育器官和生育行为作为商品交易的对象，有违社会伦理和善良风俗，影响社会公共秩序，属于侵犯人权和人格尊严的行为，构成对公序良俗原则的违背，应属无效。

本案中，代孕公司将代孕妈妈分类别进行分级收费和收取服务费等行为都是以经济利益为目的的表现。该公司的中介性质和产业化的操作表明其将代孕婴儿视为可以赚钱的商品，这样的行为违背了社会伦理要求，与社会、国家存在和发展所必要的一般道德相背离，违背了《民法典》第8条所规定的公序良俗原则。所谓公序良俗，是指公共秩序和善良风俗，强调民事主体进行民事活动必须遵循社会所普遍认同的道德，从而维护社会生活的有序发展，其主要发挥一种维护行为底线的功能。根据《民法典》第153条第2款的规定，违背公序良俗的民事法律行为无效。因此，李明、张婷夫妇与代孕公司所签订的代孕合同属于无效合同，不具有法律效力。

法律链接

《民法典》第8条、第153条；《人类辅助生殖技术管理办法》第3条

3 胎儿能够继承遗产、接受赠与吗?

关键词:胎儿利益保护　继承　赠与

林军离异后带着儿子林小军(12 岁)一起生活。林军酷爱极限运动,在一次攀岩活动中与吕梅相识,之后二人自由恋爱并结婚。后来林军在一次登山活动中不幸遇难身亡,此时吕梅已有六个月身孕,丈夫突然离世的消息让孕期中的吕梅悲痛不已。林军生前已立下遗嘱,其名下的一套住房由吕梅继承,另一套住房由其父母继承,100 万元存款由未出生的孩子继承,剩余 60 万元存款由其子林小军继承。林军的父母一直不喜欢吕梅,认为吕梅腹中胎儿尚未出生,不能作为继承人享有继承权。于是,父母二人诉至法院,请求判令遗嘱部分无效,按照法定继承重新分配 100 万元的存款。

普法讲堂

胎儿能否继承遗产一直备受争议,对此,《民法典》第 16 条明确规定:"涉及遗产继承、接受赠与等胎儿利益保护的,胎儿视为具有民事权利能力。但是,胎儿娩出时为死体的,其民事权利能力自始不存在。"同时,《民法典》第 1155 条规定:"遗产分割时,应当保留胎儿的继承份额。胎儿娩出时是死体的,保留的份额按照法定继承办理。"虽然自然人的民事权利能力始于出生,而胎儿在尚未与母体分离之时并不是独立的自然人,但是法律在胎儿的遗产继承和接受赠与等利益保护上作了特别规定,以求周到地保护胎儿的利益。

本案中,根据《民法典》第 16 条和第 1155 条的规定,涉及遗产继承时,胎儿视为具有民事权利能力,即林军去世时,吕梅肚子里六个月的胎儿是可以继承遗产的，林军遗嘱中关于胎儿继承的部分合法有效。

除了对胎儿享有遗产继承权利的肯定以外，《民法典》还确认了胎儿享有接受赠与的权利。此外，一个“等”字还为之后的胎儿利益保护留下空间。《民法典》在胎儿利益保护上所作的规定实际上是对既往民事权利能力制度的突破，将涉及遗产继承、接受赠与等相关权益前置至胎儿阶段，是对胎儿利益的全面保护。

法律链接

《民法典》第 16 条、第 1155 条

4 未成年人大额打赏网络主播的行为有效吗？

关键词：限制民事行为能力人 / 未成年人　法定代理　直播打赏

刘小强是个 13 岁的小男孩，生性顽皮，喜欢玩游戏和看游戏直播。暑假期间，刘小强使用父母用于生意资金流转的银行卡，多次向一家科技公司账户转账用于打赏直播平台主播，打赏金额高达 30 万元。刘小强的父母得知后非常震惊，立即联系该科技公司，告知刘小强是未成年人，打赏用的是父母的钱，并且对于该打赏行为父母毫不知情，希望科技公司能退还全部打赏金额。然而，该公司以打赏行为是刘小强的自主行为为由拒绝退还打赏款项。后经过法院多次调解，最终当事双方达成和解，科技公司自愿返还近 30 万元打赏款项。

普法讲堂

随着智能手机和移动支付的广泛应用，未成年人利用成年亲属手机购买

游戏道具、向主播大额打赏等情况屡屡发生，打赏行为的效力问题持续引发关注。《民法典》第19条规定："八周岁以上的未成年人为限制民事行为能力人，实施民事法律行为由其法定代理人代理或者经其法定代理人同意、追认；但是，可以独立实施纯获利益的民事法律行为或者与其年龄、智力相适应的民事法律行为。"第145条第1款规定："限制民事行为能力人实施的纯获利益的民事法律行为或者与其年龄、智力、精神健康状况相适应的民事法律行为有效；实施的其他民事法律行为经法定代理人同意或者追认后有效。"依据这两条规定，除"纯获利益的民事法律行为"以及"与其年龄、智力、精神健康状况相适应的民事法律行为"外，其他所有的民事法律行为，未成年人都不能独立实施。法律作此规定，一方面是为了保护未成年人的利益，防止其因为年龄、智力状况的限制而实施损害自身利益的民事法律行为；另一方面是为了维护交易安全，提高交易效率。

本案中，刘小强13岁，是限制民事行为能力人，他在网络直播平台上打赏30万元的行为明显与其年龄、智力不相适应，依据《民法典》第19条和第145条的规定，这样的打赏行为需要由刘小强的父母代理，或者经其父母同意、追认。然而，其父母明确表示对孩子的打赏行为不知情，并且拒绝追认。因此，刘小强的打赏行为属于无效的民事法律行为，科技公司应当返还打赏金额。

法律链接

《民法典》第19条、第145条

5 什么是成年意定监护？

关键词：意定监护 老年人权益保护

年过六十的刘大爷无儿无女，一直独自居住。邻居李小帅工作之余常常到刘大爷家中为他做饭，与他聊天、下棋等。时间一长，二人关系越来越好，于是刘大爷萌生了让李小帅给他当监护人为他养老的想法，但他们不知道这样的做法在法律上是否可行。

普法讲堂

我国当前人口老龄化趋势明显，单一的法定监护制度已经难以满足社会发展的需要。为了保护老年人权益，也为了尊重成年人自己的意愿，《民法典》第 33 条规定了意定监护制度。所谓意定监护，是指具有完全民事行为能力的成年人，可以与其近亲属、其他愿意担任监护人的个人或者组织事先协商，以书面形式确定自己的监护人，协商确定的监护人在该成年人丧失或者部分丧失民事行为能力时，履行监护职责。这一制度最早出现在《老年人权益保障法》第 26 条，该条规定了老年人的意定监护。现在，《民法典》将这一制度的适用范围从老年人扩大到全部成年人，充分体现和尊重了民事主体的意思自治。也正是基于民法尊重民事主体的意思自治，意定监护相较于法定监护具有优先性。

本案中，刘大爷在具备完全民事行为能力时，可以依据《民法典》第 33 条的规定，与李小帅协商，并以书面形式预先确定其为自己的监护人，待到自己丧失或者部分丧失民事行为能力时，便由李小帅作为自己的监护人，代为处理日常生活问题、财产事务等。

法律链接

《民法典》第 28 条、第 33 条;《老年人权益保障法》第 26 条

6 虐待子女的父母可以被撤销监护权吗?

关键词:撤销监护权　未成年人保护

李丽于 2010 年生下小龙，因小龙的生父身份不明，小龙自出生后一直随李丽共同生活。李丽曾有过几次不成功的婚姻，生活中不仅对小龙疏于管教，还经常让小龙挨饿。此外，李丽脾气暴躁，多次殴打小龙，致使小龙后背满是伤疤。当地政府、妇联、村委会干部及派出所民警多次对李丽进行批评教育，但李丽仍拒不悔改。某日晚，李丽再次用菜刀划伤小龙的后背、双臂，邻居唐伟听见了小龙的惨叫，及时将小龙抱走并送到医院进行治疗。之后，该村村民委员会以李丽对小龙长期的虐待行为已严重影响小龙的身心健康为由，向法院提出请求依法撤销李丽对小龙的监护人资格。案件审理期间，法院征求小龙的意见，小龙表示自己不愿意再随母亲李丽共同生活。

普法讲堂

父母是未成年子女的监护人，职责是保护被监护人的人身权利、财产权利以及其他合法权益等。但实践中，监护人严重侵害被监护人权益的行为时有发生，为了规制这样的行为，《民法典》第 36 条规定，监护人未履行监护职责，严重侵害被监护人身心健康或其他合法权益的，法院根据有关个人或组织的申

请，撤销其监护人资格，安排必要的临时监护措施，并按照最有利于被监护人的原则依法指定监护人。具备申请撤销监护人资格的个人和组织包括：其他依法具有监护资格的人，居民委员会、村民委员会、学校、医疗机构、妇女联合会、残疾人联合会、未成年人保护组织、依法设立的老年人组织、民政部门等。

本案中，李丽作为小龙的监护人，采取打骂等手段对小龙实施长期虐待，经当地政府、妇联、村委会等有关单位教育后仍拒不悔改，继续对小龙实施虐待，其行为已经严重损害小龙的身心健康，属于《民法典》第36条第1款规定的撤销监护人资格的情形。同时，根据《民法典》第36条第2款的规定，村委会具备申请资格。因此，法院最终根据村委会的申请，经过审理后依法撤销了李丽对小龙的监护人资格。

法律链接

《民法典》第36条

7

房屋买卖签订阴阳合同，用赠与过户的方式真的可以“避税”吗？

关键词：虚假意思表示　民事法律行为无效

刘明和王凯为逃避房产交易税想到一个办法，表面签订赠与过户协议，私下再签房屋购买协议。赠与协议拿去公证过户，购买协议用于约束对方付款。案涉房产价值400万元，王凯先行支付了40万元定金，随后双方签订房产赠与协议，约定刘明将房产无偿赠与“表哥”王凯，然后公证，办理了房屋变更登记。同时，二人签订了房屋购买协议，在购买协议里约定房产价值

400 万元，王凯于三天内支付 160 万元，刘明交钥匙给王凯入住，剩余 200 万元一年内付清。一年后，王凯未付余款，刘明索要余款 200 万元，王凯却拿出赠与协议说房屋是无偿赠与，并且早已经过户到其名下，其不欠刘明钱。刘明只好起诉到法院，要求王凯支付 200 万元余款。

普法讲堂

《民法典》第 146 条规定：“行为人与相对人以虚假的意思表示实施的民事法律行为无效。以虚假的意思表示隐藏的民事法律行为的效力，依照有关法律规定处理。”所谓虚假意思表示，是指行为人与相对人都知道自己所表示的意思并非真意，通谋作出与真意不一致的意思表示。一般而言，虚假表示在结构上包括内外两层行为：外部的表面行为是双方当事人共同作出与真实意思不一致的行为，属于伪装行为；内部的隐藏行为则是被隐藏于表面行为之下，体现双方真实意思的行为。对于外部的虚假表示而言，其意思表示所指向的法律效果并非双方当事人的内心真意，若认定其有效，有悖于意思自治原则；对于内部的隐藏行为而言，虽然出于当事人的真实意思表示，但效力如何还应当具体判断。

本案中，刘明和王凯为了逃税而签订赠与协议。就表面的赠与协议而言，双方当事人都知道赠与并非真实意思，签订赠与协议的民事法律行为本身欠缺效果意思，属于虚假的意思表示。根据《民法典》第 146 条第 1 款，该赠与协议无效。无效的合同自始没有法律约束力，应当撤销赠与公证和房屋变更登记手续。就隐藏的买卖行为而言，二人具有相应的民事行为能力，签订购买协议系出于真实意思表示，在不违背法律、行政法规强制性规定及公序良俗的情况下该购买协议本身有效，但应当补缴房产交易的相应税款。因此，刘明和王凯签订的赠与协议无效，购买协议有效，王凯应当支付余款，二人应当补缴相关房产税。

法律链接

《民法典》第 146 条

8 买车被欺诈能否请求撤销合同?

关键词:欺诈 可撤销民事法律行为

方跃在力通公司购买了一辆某品牌轿车,价格 138000 元,双方签订了《汽车销售合同》。合同约定:卖方保证买方所购车辆为新车,在交付之前已作了必要的检验和清洁。合同签订当日,方跃向力通公司支付了购车款 138000 元,同时缴纳了车辆购置税、保险费等。同日,力通公司将轿车交付给方跃。两个月后,方跃在将轿车送到力通公司进行保养时,发现这辆车曾于去年进行过维修。方跃顿感自己被欺诈,遂起诉至法院,请求撤销买卖合同并要求力通公司赔偿损失。

普法讲堂

民法上的欺诈是指行为人故意告知对方虚假情况,或者故意隐瞒真实情况,使对方陷入错误判断,并基于此错误判断作出意思表示的行为。在发生欺诈的情形下,为了保护被欺诈方的真实意思表示,《民法典》第 148 条规定:"一方以欺诈手段,使对方在违背真实意思的情况下实施的民事法律行为,受欺诈方有权请求人民法院或者仲裁机构予以撤销。"撤销权的行使将使得该民事法律行为终局性地归于无效,因此,权利人只能通过诉讼或仲裁请求撤销,并且受到除斥期间限制。除斥期间经过,则撤销权消灭。根据《民法典》第

152 条，受欺诈方自知道或者应当知道撤销事由之日起一年内或者自民事法律行为发生之日起五年内没有行使撤销权的，撤销权消灭。

本案中，根据双方签订的《汽车销售合同》的约定，力通公司交付方跃的车辆应为无维修记录的新车，然而该车辆在交付前实际上经过维修。力通公司明知该车辆是有维修记录的旧车，却故意隐瞒真实情况，方跃因该欺诈行为陷入了错误判断并购买该车辆，力通公司的行为构成民法上的欺诈。依据《民法典》第 148 条，方跃有权请求人民法院撤销买卖合同。被撤销的买卖合同自始没有法律约束力，因此，方跃应将其所购的轿车退还给力通公司，而力通公司应将购车款及车辆购置税、保险费等价款退还给方跃。

此外，为了进一步保护消费者合法权益，制裁违法经营行为，《消费者权益保护法》第 55 条第 1 款规定，经营者提供商品或者服务有欺诈行为的，应当按照消费者的要求增加赔偿其受到的损失，增加赔偿的金额为消费者购买商品的价款或者接受服务的费用的三倍。根据该规定，方跃有权请求力通公司增加赔偿金额。

法律链接

《民法典》第 148 条、第 152 条;《消费者权益保护法》第 55 条

9 恶意串通的逃债行为是否无效?

关键词：恶意串通　无效民事法律行为

嘉吉公司与金石公司之间存在商业合作关系。2015 年，嘉吉公司与金石

公司因买卖大豆而发生争议，经过诉讼，法院判决金石公司在五年内分期偿还债务，并将金石公司旗下的全部资产，包括土地使用权、建筑物和固着物、所有的设备及其他财产抵押给嘉吉公司，作为偿还债务的担保。五年间，金石公司都未履行该判决，也未配合进行资产抵押。于是，嘉吉公司向法院申请了强制执行。然而，到了强制执行时才发现金石公司名下已无可供执行的财产。经查，原来早在2016年，金石公司就和宜丰公司商量好，为了躲避债务，以明显不合理的低价将其名下财产全部卖给宜丰公司。嘉吉公司遂向法院提起诉讼，请求确认金石公司与宜丰公司之间的买卖合同属于恶意串通而无效。

普法讲堂

所谓恶意串通，是指行为人与相对人互相勾结，为牟取私利而实施的损害他人合法权益的民事法律行为。恶意串通的民事法律行为，在主观上要求双方有互相串通、为满足私利而损害他人合法权益的目的，客观上表现为实施了一定形式的行为来达到这一目的。行为人恶意串通损害他人合法权益的行为，多数情况下权益受损的人当时并不知情，如果不对这种行为科以无效后果，无法体现对他人合法权益的有力保护。为此，《民法典》第 154 条规定："行为人与相对人恶意串通，损害他人合法权益的民事法律行为无效。"

本案中，宜丰公司在明知金石公司欠他人债务的情况下，还接受金石公司以明显不合理低价转让的财产，双方在主观上有互相串通、为满足私利而损害嘉吉公司合法权益的目的，客观上也实施了买卖行为来达到这一目的。金石公司与宜丰公司相互勾结签订买卖合同、损害嘉吉公司利益的行为属于《民法典》第 154 条规定的恶意串通的民事法律行为，因此，该买卖合同无效。合同无效，意味着自始没有法律约束力，应将合同的财产后果恢复到合同订立以前的状态，返还转让财产以惩治违背诚信、恶意逃债的行为，维护债权人合法权益和公平安全的市场经济秩序。

法律链接

《民法典》第 154 条

10 因见义勇为不幸溺水身亡，被救者是否要为此承担责任？

关键词：见义勇为　补偿责任

某日傍晚，李明与吴婷、程美、梅力、吴波四名朋友共进晚餐后，前往津渡大桥下的码头玩耍。玩耍期间，吴婷与程美因琐事发生争执，情绪激动的程美一怒之下跳入江中。梅力、吴波二人见状，迅速跳进江中对其进行营救。吴婷见状也愤怒转身，跳进江里。一旁的李明见此情形，立即跳江对吴婷施救。梅力和吴波费力将程美救起后再次下水，四处寻找李明和吴婷，但无奈李明水性不佳，与吴婷很快在江水中越漂越远。梅力和吴波寻找无果，只能作罢。后来，吴婷被江水冲到长航公安驻点船处，被在船上值班的人员救起，而李明却不知所踪。四人报警后，经数小时搜救，众人最终找到了李明的尸体。痛失爱子的李明父母一纸诉状将四人告上了法庭，要求四人对李明的死亡进行赔偿。

普法讲堂

见义勇为是我国的传统美德，这种行为值得鼓励，法律也应当保障见义勇为者的合法权益。《民法典》第 183 条规定："因保护他人民事权益使自己受到损害的，由侵权人承担民事责任，受益人可以给予适当补偿。没有侵权人、侵权人逃逸或者无力承担民事责任，受害人请求补偿的，受益人应当给予适当补偿。"即当见义勇为者因保护他人民事权益而使自己的人身或财产受到损害时，原则上由侵权人承担民事责任。同时，法律规定了受益人适当补偿制度，分为两种情况：一是自愿补偿。在有侵权人承担民事责任的情形下，“受益人可以给予适当补偿”。二是法定补偿。在没有侵权人、侵权人逃逸或者无力承担民事责任的情形下，考虑到受益人因受害人的付出，使自己的权益免受或少受损害，对受害人因此所受到的损害，法律规定“受益人应当给予适当补偿”。

本案中，李明在没有法定或约定义务的前提下，下水救助吴婷而不幸溺亡，属于见义勇为。本案没有侵权人，根据《民法典》第 183 条，吴婷作为受益人应当给予适当补偿，这是公平正义的体现。补偿并非赔偿，不适用填平原则，可以综合考量见义勇为者的受损情况、救助行为及所起到的作用等来确定补偿数额。此外，程美、梅力、吴波三人的行为与李明的死亡没有因果关系，也并非受益人，不应承担民事责任，应由吴婷承担补偿责任。

法律链接

《民法典》第 183 条

11 侵害英雄烈士的姓名、肖像、名誉等是否需要承担民事责任？

关键词：英雄烈士的人格利益保护

兴达网络科技有限公司将其付费会员称为“雷锋会员”，将其提供服务的平台称为“雷锋社群”，将其注册运营的微信公众号称为“雷锋哥”，在微信公众号上发布有“雷锋会员”“雷锋社群”等文字的宣传海报和文章，并在公司住所地悬挂“雷锋社群”文字标识。该公司以“雷锋社群”名义多次举办

“创业广交会”“电商供应链大会”“全球云选品对接会”等商业活动，并以“雷锋社群会费”等名目收取客户费用16笔，金额共计308464元。公益诉讼起诉人诉称，要求兴达公司立即停止在经营项目中以雷锋的名义进行宣传，并在省级媒体就使用雷锋姓名的行为赔礼道歉。

普法讲堂

英雄烈士事迹和精神是中华民族的共同历史记忆和社会主义核心价值观的重要体现。为了更好地保护英雄烈士的人格利益及社会公共利益，《民法典》第185条规定：“侵害英雄烈士等的姓名、肖像、名誉、荣誉，损害社会公共利益的，应当承担民事责任。”“英雄烈士等”既包括为了人民利益英勇斗争而牺牲，堪为楷模的人，也包括在保卫国家和国家建设中作出巨大贡献、建立卓越功勋，已经故去的人。英雄烈士的姓名、肖像、名誉和荣誉等人格利益受到法律保护、不容亵渎和侵犯。违反本条规定，达到损害公共利益的程度，应依法承担民事责任。此外，《民法典》第1000条规定：“行为人因侵害人格权承担消除影响、恢复名誉、赔礼道歉等民事责任的，应当与行为的具体方式和造成的影响范围相当。行为人拒不承担前款规定的民事责任的，人民法院可以采取在报刊、网络等媒体上发布公告或者公布生效裁判文书等方式执行，产生的费用由行为人负担。”

雷锋同志的姓名作为一种重要的人格利益，应当受到保护。该网络科技有限公司使用的“雷锋”文字具有特定意义，确系社会公众所广泛认知的雷锋同志之姓名。该公司明知雷锋同志的姓名具有特定的意义，仍擅自将其用于开展网络商业宣传，会让公众对“雷锋社群”等称谓产生误解，侵犯了英雄烈士的人格利益。将商业运作假借“雷锋精神”之名推广，既曲解了“雷锋精神”，与社会公众的一般认知相背离，也损害了承载于其上的人民群众的特定感情，对营造积极健康的网络环境产生负面影响，侵害了社会公共利益。

因此，法院最终判决被告停止使用雷锋同志姓名的行为（包括停止使用“雷锋哥”微信公众号名称、“雷锋社群”名称、“雷锋会员”名称等），并在省级报刊向社会公众发表赔礼道歉的声明。

法律链接

《民法典》第 185 条、第 1000 条

12 超过诉讼时效的欠款受法律保护吗？

关键词：诉讼时效

2016 年 5 月 6 日，王磊向张明借了 5 万元用于购置房产并出具了借条，借条上写明还款期限为 2017 年 5 月 6 日。眼看还款期限将至，王磊没有还钱的动向，张明碍于面子也没有开口向王磊要求归还欠款。直到 2021 年 2 月 8 日，张明急需用钱，于是向王磊索要欠款，但王磊以最近手头紧为由拒绝归还欠款。无奈之下，张明于 2021 年 3 月 10 日诉至法院，请求王磊归还 5 万元欠款及借款期间的银行同期利息。

普法讲堂

自古以来，“欠债还钱，天经地义”，但在法律上却并不完全如此。《民法典》第 188 条规定：“向人民法院请求保护民事权利的诉讼时效期间为三年。法律另有规定的，依照其规定。诉讼时效期间自权利人知道或者应当知道权利受到损害以及义务人之日起计算。法律另有规定的，依照其规定。但是，自权利受到损害之日起超过二十年的，人民法院不予保护，有特殊情况的，

人民法院可以根据权利人的申请决定延长。”所谓诉讼时效，是指权利人在一定期间不行使权利，在该期间届满后义务人获得抗辩权，在诉讼中提出抗辩则可以拒绝履行其义务的法律制度。该制度的主要功能是促使权利人及时行使权利、稳定生活秩序、维护法律秩序和交易安全。

本案中，借条上写明了还款期限为2017年5月6日，到期王磊未归还借款，此时即为张明权利受到损害之时。然而，张明直到2021年3月10日才到法院进行起诉，距离2017年5月6日已经过了将近四年时间，且该期间内并没有发生过诉讼时间中断或中止的情形。因此，张明的返还借款请求权已经过了诉讼时效，义务人王磊可以提出诉讼时效抗辩并拒绝履行义务。

法律链接

《民法典》第188条

第二章

物权编

13 "一房二卖"时房屋归谁所有?

关键词：不动产登记　一房二卖　合同解除

在临江市工作多年的小张打算结束租房生涯，购买一套属于自己的房子，于是其向朋友老李提出以120万元的市场价格购买老李闲置的一套一居室的小公寓，老李欣然同意。当天两人便订立了房屋买卖合同，约定小张先支付20万元首付款，剩下的钱一年内付清即可。出于对老李的信任，小张没有立即要求老李为自己办理房屋过户登记，两人也没有约定何时办理过户登记。随后临江市房价疯涨，短短数月，该公寓的价格便上涨了30万元。此时，老李的同事老王提出以150万元的市场价格购买老李的这套公寓，老李面对这30万元的诱惑，决定毁约。于是，老李又与老王订立了房屋买卖合同并为老王办理了过户登记。次日，老李将房屋交付给了老王。小张听说这件事以后大为恼火，将老李告到法院，要求老李将房屋过户给自己。

普法讲堂

本案中，老李先后将公寓出卖给小张和老王的行为属于"一房二卖"，从合同效力的角度来看，老李两次卖房时买卖双方都是自愿的，并且不存在其他违法情形，因此两个房屋买卖合同均有效，即老李"一房二卖"的行为是有效的，但在小张和老王两个买家中只有老王能够取得公寓的所有权。

根据《民法典》第209条的规定，不动产所有权的转让需经过登记才能发生效力。本案中，仅与老李订立房屋买卖合同而未办理房屋过户登记的小张并没有取得公寓的所有权。在老李为老王办理房屋过户登记后，该公寓便依法归老王所有，所以即使小张先与老李订立了房屋买卖合同，其也无权再要求老李将公寓过户给自己。

同时，根据《民法典》第563条和第566条的规定，在合同履行期限届满前，当事人一方明确表示或者以自己的行为表明不履行主要债务的，当事人可以解除合同。合同解除后，根据履行情况和合同性质，当事人可以请求恢复原状或者采取其他补救措施，并有权请求赔偿损失。本案中，老李将房屋另行出卖即表明其不打算继续履行合同，小张可以据此主张解除房屋买卖合同并请求老李返还其已经支付的首付款20万元及利息。同时，小张因房屋买卖合同被解除而不得不另行购买房屋并承担房价上涨带来的损失，故小张还可以请求老李赔偿其另行购买房屋的差价损失30万元。

综上，在"一房二卖"的情形下，无论房屋买卖合同订立的先后，先办理房屋转移登记的买方可以取得房屋所有权，未能取得房屋所有权的买方可以解除房屋买卖合同并要求卖方承担赔偿责任。

法律链接

《民法典》第209条、第214条、第215条、第563条、第566条

14 承包地被国家依法征收后，被征收人能获得补偿吗？

关键词：土地承包　不动产的征收及补偿

城市居民老张为了增加收入，打算承包黑土村的荒山种植果树。经过村民们的同意，老张与村民老王等人和村委会签订了荒山造林承包合同，村委

会主任在合同上签名并加盖了村委会的印章，村民们也在合同上签名并捺了手印。合同签订后，老张便开始在承包的荒山上种植果树，并交纳了承包金。

几年后，市政府开始修建高速公路并征收了老张承包的荒山约 30 亩，市政府将土地补偿款补偿给了黑土村，并将青苗补偿款发放给了村民老王等人。老张知道此事后十分恼火，其认为山上的树木是自己辛辛苦苦种的，青苗补偿款理应补偿给自己。于是，老张将村民老王等人及黑土村村委会诉至法院，要求老王等人退还青苗补偿款。

普法讲堂

根据《民法典》第 342 条和《农村土地承包法》第 48 条的规定，不宜采取家庭承包方式的荒山、荒沟、荒丘、荒滩等农村土地，可以通过招标、拍卖、公开协商等方式承包，承包者不需要具备集体经济组织成员身份。同时，根据《农村土地承包法》第 52 条的规定，以上述方式承包农村土地，应当事先经集体经济组织成员的村民会议三分之二以上成员或者三分之二以上村民代表的同意，并报乡（镇）人民政府批准。本案中的老张虽不是黑土村村民，但其可以通过公开协商的方式承包黑土村的荒山，承包合同依法签订后老张即取得相应的土地经营权，可以开展种植经营。

此外，《民法典》第 243 条规定，政府征收集体所有的土地和组织、个人的房屋以及其他不动产的，应当依法及时足额支付补偿费用。就具体补偿内容而言，《最高人民法院关于审理涉及农村土地承包纠纷案件适用法律问题的解释》第 20 条第 1 款规定，承包地被依法征收，承包方可以要求发包方给付已经收到的地上附着物和青苗的补偿费。故老张作为承包人可以要求黑土村村委会向其支付国家拨付到黑土村的青苗补偿费。相关青苗补偿费被发放到村民老王等人手中属于征收补偿发放主体错误，老王等人构成不当得利，老张可以要求老王等人返还发放错误的青苗补偿费。

法律链接

《民法典》第 243 条、第 342 条;《农村土地承包法》第 48 条、第 49 条、第 52 条;《土地管理法实施条例》第 26 条至第 30 条;《最高人民法院关于审理涉及农村土地承包纠纷案件适用法律问题的解释》第 20 条

15 房屋被他人霸占并损坏，应当如何维权？

关键词：返还原物　恢复原状

老李是铁路局的一名职工，自铁路局为老李分配了铁路局家属大院 101 号房，老李一家便一直居住在该房屋内。后来老李的大儿子李大结婚生子，经老李申请，铁路局又为老李分配了铁路局家属大院 102 号房。随后李大携妻儿搬入 102 号房并将自己及妻儿的户口迁入 102 号房。房改时，李大出资 7000 元购买了 101 号房并登记在父亲老李名下，老李的二儿子李二因为在铁路局工作，也具有购房资格，出资购买了 102 号房并登记在自己名下。李二一直和父亲老李居住在 101 号房，而李大一家则一直居住在隔壁 102 号房。

几年后，李大对 102 号房进行改造，将房屋的部分房间用于囤放货物，导致 102 号房的墙体和下水管道在一定程度上被损毁。因此，李二一直希望李大搬出 102 号房，但李大却以房改时自己曾出资 7000 元且自己的户口落在 102 号房为由拒绝搬出。最近兄弟俩的矛盾进一步加深，李二一怒之下将哥哥李大告到法院。

普法讲堂

《民法典》第 235 条规定：“无权占有不动产或者动产的，权利人可以请求

返还原物。”本案中，虽然李大早在李二购得102号房之前就将户口落入并一直居住于此，但由于李二实际出资购买了102号房且办理了不动产登记，102号房的所有权应当归属于李二。自李二要求李大搬出102号房时起，李大继续住在102号房中便属于无权占有，李二可以要求李大一家返还房屋。同时，《民法典》第237条规定：“造成不动产或者动产毁损的，权利人可以依法请求修理、重作、更换或者恢复原状。”因李大占用102号房时造成了房屋墙体及下水管道损坏，故李二可以要求李大对房屋进行修缮，恢复房屋的原状。

此外，《民法典》第238条规定：“侵害物权，造成权利人损害的，权利人可以依法请求损害赔偿，也可以依法请求承担其他民事责任。”因此，若李大返还房屋时没有对房屋进行必要的修缮，李二可以要求李大赔偿损坏的墙体及下水管道的维修费用。同时，李大的侵占行为导致李二不能使用自己所有的房屋，这对于李二而言属于重大的经济损失，因此李二还可以请求李大赔偿房屋占有使用费。

法律链接

《民法典》第235条、第237条、第238条

16 个人财产因疫情紧急需要被依法征用后，被征用人享有哪些权利？

关键词：征用返还　征用补偿

小张在临江市贷款购买了一栋5层商用楼房用于经营快捷酒店。疫情暴发后，临江市政府征用了包括小张的酒店在内的11家酒店用于集体安置隔离人员，酒店被征用后关门停业。一开始小张对此很是发愁，担心自己会因酒

店关门停业而还不上贷款，但很快小张的问题便得到了解决，临江市政府以临江市同类酒店的市场价格向小张支付了征用补偿。半年后，小张的酒店被返还，小张对酒店进行彻底消毒和维修后重新开门营业。

普法讲堂

征用是指国家强制使用组织、个人的财产，即无需所有权人同意，国家可以在有紧急需要时直接使用组织、个人的财产。其制度依据在于，在社会整体利益遭遇危机的情况下，需要动用一切人力、物力进行紧急处理和救助，所以法律允许在此种情况下限制单位和个人的财产所有权。

《民法典》第 245 条规定："因抢险救灾、疫情防控等紧急需要，依照法律规定的权限和程序可以征用组织、个人的不动产或者动产。被征用的不动产或者动产使用后，应当返还被征用人。组织、个人的不动产或者动产被征用或者征用后毁损、灭失的，应当给予补偿。"《传染病防治法》第 45 条亦规定，传染病暴发、流行时，根据传染病疫情控制的需要，政府有权紧急调集人员或者调用储备物资，临时征用房屋、交通工具以及相关设施、设备。因此本案中，政府可以在疫情期间为了疫情防控的紧急需要依法征用小张的酒店用于集体安置隔离人员，但应当依法给予小张适当的补偿并在征用结束后及时将酒店返还给小张。

目前，关于补偿期限、补偿标准等细节问题，《民法典》并没有作出具体规定，相关规定多见于地方法规，通常要求实施应急征用的单位应按照租用同类物资和同类场所的市场价格给予被征用单位或者个人补偿。本案中，临江市政府以本地同类酒店的市场价格向小张支付征用补偿具有合理性。

法律链接

《民法典》第 245 条;《传染病防治法》第 45 条

17 疫情期间违反小区防疫措施意外受伤，能获得赔偿吗?

关键词：物业服务企业 健康权

因为出现了聚集性疫情扩散，新时代小区所在的市区发布疫情紧急防控通知，要求严格落实社区出入口值班值守，加强验码、亮码、登记等疫情防控措施。值此期间，陈兰跨省来新时代小区看望自己的祖母。他下了公交后，骑共享单车进入小区。小区物业公司值守保安当即呼喊要求其停车接受亮码、登记等疫情防控检查措施。陈兰听到有人呼喊后回头观看，随即不听劝阻加速向前骑行。值守保安骑车追赶，伸手接触陈兰背部时其车辆失控摔倒。后陈兰将物业公司诉至法院，要求其赔偿医疗费、交通费、营养费、护理费、误工费等各项损失。

普法讲堂

《民法典》第286条第1款规定："业主应当遵守法律、法规以及管理规约，相关行为应当符合节约资源、保护生态环境的要求。对于物业服务企业或者其他管理人执行政府依法实施的应急处置措施和其他管理措施，业主应当依法予以配合。"本案中，事发之时正值聚集性疫情扩散、防控形势严峻的关键时期，物业公司依照有关政策要求派员值守、验码登记，相关出入人员未验码、亮码、登记等，物业公司保安有权阻止其进出小区。陈兰进入小区时，未按照保安的要求，采取停车接受亮码、登记等疫情防控检查措施。保安阻拦陈兰冲岗，是履职尽责的表现，其行为没有过错，不应当承担赔偿责任。陈兰在物业人员大声呼喊之际却加速骑行，最终导致摔伤，应自行承担相应后果。因此，对于陈兰的请求，法院不予以支持。

疫情防控形势严峻，社区是疫情联防联控的第一线，是遏制疫情扩散蔓延的重要战场，必须落实落细各项防控措施。查码验行虽然给居民日常出行增添了些许麻烦，但却是防控疫情的必要举措，意义重大，每个公民都应积极予以配合。

法律链接

《民法典》第 286 条、第 1165 条

18 小区内规划车位、车库应当归谁所有?

关键词：建筑物区分所有权

小张夫妇与鑫鑫公司签订商品房买卖合同，购买了鑫鑫公司开发的幸福小区中的一套房屋作为婚房。幸福小区建有规划内地下停车场，小区公共道路上也设置了部分停车位。合同附件中约定：1. 小区内的所有停车位归鑫鑫公司所有，鑫鑫公司有权将上述停车位进行出售、赠与、出租、使用及经营。2. 小张夫妇不享有优先购买或承租幸福小区停车位、停车库的权利。随后鑫鑫公司仅将少部分车位租给小区的业主，大部分车位、车库高价出租给非小区业主，导致小张夫妇没有车位可用。小张夫妇入住后认为鑫鑫公司的行为违法，双方发生分歧，诉至法院。

普法讲堂

小区内的车位、车库可以分为规划内车位、车库和规划外车位、车库，前

者是指开发商在开发项目前，经政府批准同意，核发建设工程规划许可证，规划用以停车的车位、车库，多为大片集中的停车场；后者是指规划许可以外，占用业主共有的道路或其他场地增设的车位。《民法典》第275条规定："建筑区划内，规划用于停放汽车的车位、车库的归属，由当事人通过出售、附赠或者出租等方式约定。占用业主共有的道路或者其他场地用于停放汽车的车位，属于业主共有。"因此，开发商仅有权处分规划内车位，规划外占用业主公共空间的车位属于业主共有，对于这类共有车位应当如何分配，法律并没有具体规定，应由业主共同决定此类车位的划定、管理、收费事项。故本案中，合同附件第1条约定的开发商对于小区内所有车位均可以自行处分，违反了法律的规定。

同时，《民法典》第276条规定："建筑区划内，规划用于停放汽车的车位、车库应当首先满足业主的需要。"根据《最高人民法院关于审理建筑物区分所有权纠纷案件适用法律若干问题的解释》第5条的规定，"应当首先满足业主的需要"是指开发商应当根据规划设计文件确定的配置比例，将规划内车位、车库以出售、附赠或者出租等方式处分给业主。例如，若规划设计文件规定幸福小区规划内车位、车库与小区内房屋套数的比例应当为1∶0.7，幸福小区有500套房屋，则鑫鑫公司应当将其中350个车位、车库以各种方式交付给幸福小区的业主，不得出售、出租给非小区业主。因此，本案中合同附件第2条违反了法律的规定，鑫鑫公司将大部分车位、车库出租给非小区业主的行为违法，小张夫妇可以要求购买或承租小区内的车位。

法律链接

《民法典》第275条、第276条；《最高人民法院关于审理建筑物区分所有权纠纷案件适用法律若干问题的解释》第5条、第6条

19 业主能否以不使用建筑物共有部分为由拒绝缴纳共有部分物业管理费？

关键词：共有部分　物业管理费

小王购买了幸福小区1号楼的一套房屋，但一直没有入住。小区物业公司要求其支付物业费时，小王认为自己没有入住，所以无需缴纳物业管理费。物业公司则认为自己为小区提供了维护管理服务，小王作为业主，无论是否入住均应当支付相应的物业管理费。双方争执不下，诉至法院。

普法讲堂

《民法典》第273条第1款规定："业主对建筑物专有部分以外的共有部分，享有权利，承担义务；不得以放弃权利为由不履行义务。"同时，《民法典》第944条第1款规定："业主应当按照约定向物业服务人支付物业费。物业服务人已经按照约定和有关规定提供服务的，业主不得以未接受或者无需接受相关物业服务为由拒绝支付物业费。"本案中，小王作为幸福小区1号楼的业主，其对小区中的公共通道、电梯、楼梯间等共有部分享有使用、收益等权利，同时也应当承担合理使用共有部分以及对共有部分进行维护的义务，其不得以放弃共有部分使用权为由不履行相应的义务。幸福小区的业主共同聘用了物业公司对小区进行整体维护，且物业公司也提供了相关服务，故小王应当向物业公司支付物业管理费用，不得以没有入住为由拒绝支付。

法律链接

《民法典》第 273 条、第 944 条

20 建筑物及其附属设施的维修资金应当如何筹集和使用?

关键词：业主共同决议事项 住房专项维修资金的筹集与使用

老王是幸福小区 1 号楼 102 号房的业主，但多年来老王一直没有支付相应的专项维修资金，引发了其他业主的强烈不满。幸福小区业主大会决定向老王提起追讨维修资金的诉讼。诉讼中，老王以诉讼时效已过为由提出了抗辩，认为自己无需再缴纳专项维修资金。法院经审理认为，业主大会有权要求老王补缴维修资金。

后来，恶劣天气导致幸福小区 1 号楼外墙体损坏，发生渗漏，但维修资金不足。经过表决，幸福小区业主大会决定筹集维修资金并委托鑫鑫物业公司使用该资金对 1 号楼外墙进行整体维修。经过维修后幸福小区 1 号楼仍然经常发生渗漏，幸福小区业主大会多次希望鑫鑫物业公司公开维修资金使用明细，均遭到了鑫鑫物业公司的拒绝。多次磋商无果后，幸福小区业主大会将鑫鑫物业公司告上法庭，要求其公开维修资金的使用明细。

普法讲堂

目前，“建筑物及其附属设施维修资金”在住宅事项上主要是指住宅专项维修资金。根据《物业管理条例》第 7 条和《住宅专项维修资金管理办法》，

住宅专项维修资金是专项用于住宅共用部位、共用设施设备保修期满后的维修和更新、改造的资金，业主应当依照国家有关规定及时缴纳专项维修资金。专项维修资金的缴纳并非源于特别的交易或法律关系，而是为了准备应急性维修、更新或改造区分所有建筑物的共有部分。由于共有部分的维护关乎全体业主的共同或公共利益，所以缴纳专项维修资金是为特定范围的公共利益，即建筑物的全体业主共同利益而特别确立的一项法定义务，这种义务的产生与存在仅取决于义务人是否属于区分所有建筑物范围内的住宅或非住宅的所有权人。因此，只存在补缴住宅专项维修资金的问题，不存在因时间经过而可以不缴的问题。本案中，老王有义务及时补缴专项维修资金。

就专项维修资金的筹集和使用问题，《民法典》对原《物权法》作出了一定修改，以解决“表决难”的问题。根据《民法典》第278条和第281条，专项维修资金的筹集和使用可以分为三种情形：筹集专项维修资金、使用专项维修资金、紧急情况下使用专项维修资金。通常情况下，有关专项维修资金的筹集和使用的问题，应当召开业主大会由业主共同决定，业主大会应当由专有部分面积占比三分之二以上的业主且人数占比三分之二以上的业主参与表决。就其中专项维修资金的筹集事项，应当经参与表决专有部分面积四分之三以上的业主且参与表决人数四分之三以上的业主同意，而就其中专项维修资金的使用事项，应当经参与表决专有部分面积过半数的业主且参与表决人数过半数的业主同意。二者表决通过的比例存在差异主要是因为筹集专项维修资金比使用专项维修资金对业主权益的影响更大，因此需要更多的业主授权。在特殊情形下，若发生紧急情况需要维修建筑物及其附属设施，业主大会或业主委员会也可以不经业主大会表决，依法申请使用维修资金。

此外，《民法典》第281条第1款最后一句规定，建筑物及其附属设施的维修资金的筹集、使用情况应当定期公布。因此，本案中鑫鑫物业公司使用专项维修资金应当定期公布维修资金的使用情况，幸福小区业主大会有权要求其公布用于修补楼体渗漏的维修资金的使用明细。

法律链接

《民法典》第278条、第281条;《物业管理条例》第7条

21 利用小区建筑物共有部分打广告需要经过小区业主同意吗?

关键词:业主共同决议事项　共有收入

幸福小区业主委员会与鑫鑫物业公司签订了《物业管理委托合同》,约定管理期限为五年。在此期间,鑫鑫物业公司未经业主同意,擅自利用幸福小区的电梯投放广告。后来,鑫鑫物业公司还准备在幸福小区沿街的几栋楼的外墙上悬挂大型广告牌并找来施工队在外墙上打入了膨胀螺丝,此举引发了业主的强烈不满。为解决此事,幸福小区召开业主大会,经过业主表决,业主大会决定允许鑫鑫物业公司利用幸福小区的电梯投放广告,但不允许其利用该小区楼房外墙投放广告。幸福小区业主委员会就此事与鑫鑫物业公司多次协商无果后将鑫鑫物业公司告到法院,要求鑫鑫物业公司拆除已经打入的膨胀螺丝,并公示近两年来其利用小区共有部分投放广告的收入。

普法讲堂

根据《民法典》第272条、第273条的规定,业主对建筑物专有部分以外的共有部分享有权利,其中包含对共有部分的使用、收益、维护等权利,因此,业主可以共同决定利用共有部分从事经营活动。就共同决定此类事项

的程序问题,《民法典》第 278 条规定，利用共有部分从事经营活动，应当由专有部分面积占比三分之二以上的业主且人数占比三分之二以上的业主参与表决，并经参与表决专有部分面积四分之三以上的业主且参与表决人数四分之三以上的业主同意。本案中，利用小区电梯和外墙投放广告的行为属于“利用业主共有部分从事经营活动”，该行为需要业主经法定表决程序共同决定。对于鑫鑫物业公司未经小区业主共同决定投放的广告，因业主大会依法定表决程序进行追认，允许鑫鑫物业公司利用小区电梯投放广告，电梯中投放的广告可以保留。但由于业主大会反对利用建筑物外墙进行广告投放，物业公司应当清除膨胀螺丝并解除相关广告投放合同。

此外，根据《民法典》第 282 条，利用小区业主共有部分获得的收入，在扣除合理成本之后，应当属于业主共有。例如，利用小区 1 号楼的电梯投放广告的收入应当归 1 号楼业主共有，利用小区 2 号楼电梯投放广告的收入则应当归 2 号楼业主共有。因此，本案中鑫鑫物业公司投放广告的收入应当归广告投放范围内的业主共有，业主对于收入情况享有知情权，业主委员会有权要求鑫鑫物业公司公开相关收入情况。

法律链接

《民法典》第 272 条、第 273 条、第 278 条、第 282 条

22 住改商扰民，其他业主应当如何维权？

关键词：住宅改经营性用房

老李今年夏天搬入了位于幸福小区临街的 1 号楼二层的新家，但入住没

多久老李就发现自己楼下的住户老张夫妇利用其一层临街的住房经营了一家早餐店。每天早上不到五点钟，老张夫妇便起锅烹炸，油烟味直冲老李客厅的窗户，六点左右，老张夫妇临街的窗口就不时有顾客前来购买早餐，并传来不绝于耳的外卖平台下单收款的声音。同时，1号楼门前的垃圾桶里总是装满了早餐店的厨余垃圾。几经协商无果后，老李无奈将老张夫妇告到法院，要求老张夫妇停止早餐店的经营。

普法讲堂

《民法典》第279条规定："业主不得违反法律、法规以及管理规约，将住宅改变为经营性用房。业主将住宅改变为经营性用房的，除遵守法律、法规以及管理规约外，应当经有利害关系的业主一致同意。"《最高人民法院关于审理建筑物区分所有权纠纷案件适用法律若干问题的解释》第11条进一步规定，"有利害关系的业主"指的是本栋建筑物内的其他业主。本栋建筑物之外的业主如果要主张与自己有利害关系，应当证明其房屋价值、生活质量可能因案涉住宅改商用受到不利影响。而"一致同意"则要求欲将住宅改为商用的业主提前取得所有可能具有利害关系的业主的同意，只要有一位业主提出反对意见，则不能将住宅改为商用。

本案中，老张夫妇将居民住宅改为早餐店的行为属于"将住宅改变为经营性用房"，老李作为具有利害关系的业主反对老张夫妇将住宅用于经营早餐店，也就是说，老张夫妇的行为没有取得有利害关系的业主的一致同意。根据《最高人民法院关于审理建筑物区分所有权纠纷案件适用法律若干问题的解释》第10条，业主将住宅改变为经营性用房，未依据《民法典》第279条的规定经有利害关系的业主一致同意，有利害关系的业主可以请求排除妨害、消除危险、恢复原状或者赔偿损失。故老李有权要求老张夫妇将房屋恢复为居住用途，消除其对自己生活上的影响。若早餐店的经营还造成了老李的其他损失，老李还可以要求老张夫妇赔偿相关的损失。

法律链接

《民法典》第 279 条；《最高人民法院关于审理建筑物区分所有权纠纷案件适用法律若干问题的解释》第 10 条、第 11 条

23 邻居影响自家通风、采光或噪声扰民时怎么办？

关键词：相邻关系

老陈今年夏天搬入了位于幸福小区临街的 5 号楼的新家，入住不久，老陈就发现楼上的住户小王新买了一台大功率空调，并把空调外挂机安装在了自己卧室的窗口上方。因为天气炎热，小王家的空调几乎一整天都不关闭，空调持续使用发出的噪声导致老陈夜里经常失眠，老陈对空调外机发出的噪声进行了监测，监测结果超过了城市区域环境噪声标准规定的限值。同时，空调外机排出的热气也导致老陈始终无法开窗通风。几经协商无果后，老陈无奈将小王告到法院，要求小王将空调外挂机从自己的窗口上方拆除，另找合适的位置安装。

普法讲堂

本案是一个相邻关系的问题。俗话说“远亲不如近邻”，根据《民法典》第 288 条、第 293 条和第 294 条，邻里之间应当按照有利生产、方便生活、团结互助、公平合理的原则，正确处理相邻关系。不得妨碍邻居的通风、采光、

日照，也不得违规排放污染物。本案中，小王将空调外挂机安装在老陈卧室窗口上方的行为严重影响了老陈开窗通风的权利，同时产生超出当地标准的噪声污染，小王应当应老陈的要求将空调外挂机拆除，另找合适的地方安装。

法律链接

《民法典》第 288 条、第 293 条、第 294 条

24 邻居维修下水管道需要凿开自家卫生间，是否应当提供便利？

关键词：相邻关系　恢复原状　损害赔偿

小张和小李是上下楼的邻居，最近小张发现自己家的下水管道频繁发生堵塞返污水的情况，他先后找来几个维修师傅，经过仔细检查，确定是自家靠近楼上小李家的管道老化，需要更换维修。但更换管道需要同时开凿小张家和小李家的卫生间墙面，两家的卫生间一周不能使用，而目前小李家并没有发生下水道堵塞返污水的情况，故小李并不愿意开凿墙面进行维修。几经协商无果后，小张无奈将小李告上法庭，希望小李提供便利，让自己能更换维修水管。

普法讲堂

《民法典》第 292 条规定，不动产权利人因建造、修缮建筑物等行为必须利用相邻土地、建筑物的，该土地、建筑物的权利人应当提供必要的便利。可见，为了保障不动产权利人能够顺利建造、修缮房屋，完整地享有不动产权利，

在因装修而必须利用邻居的土地、房屋时，邻居负有提供必要协助的义务。应当注意的是，仅在“必须利用”的情形下，邻居才负有此种义务，该“必须利用”可以理解为，如果不利用相邻的土地、建筑物，则修缮工作不能继续进行。本案中，小张和小李是上下楼的邻居，小张为日常生活需要维修下水管道，不得不开凿小李家卫生间的墙面时，小李应当提供必要的便利。

此外，《民法典》第237条规定：“造成不动产或者动产毁损的，权利人可以依法请求修理、重作、更换或者恢复原状。”《民法典》第238条规定：“侵害物权，造成权利人损害的，权利人可以依法请求损害赔偿，也可以依法请求承担其他民事责任。”因此，小李可以要求小张修理因维修更换水管造成的自己家卫生间墙面的损毁，恢复卫生间的原状。同时，由于维修工程将导致小李家的卫生间一周不能使用，小李需要借住在别人家或者租酒店居住，小李还可以要求小张赔偿因此产生的费用。

法律链接

《民法典》第237条、第238条、第292条

25 经民主决策以合理方式在老旧小区加装电梯是否受法律保护？

关键词：相邻关系　业主共同决议事项

幸福小区是位于市中心的老旧小区，该小区的楼房均没有安装电梯，居住在高层的居民出行十分不便。经业主大会讨论后，绝大多数业主签字同意加装电梯，同意安装电梯的业主占比和其所有的专有部分占建筑物总面积的

比例均达到法律规定的要求。根据该小区业主的申请，有关部门对该小区加装电梯进行了批前公示并按照相关要求办理了《建设工程规划许可证》。同年6月，该小区加装的电梯安装完毕并投入使用。根据工程规划，每栋楼的电梯都安装在公共露台的中间，不影响居民出入单元楼。但电梯投入使用后，2单元102号房的业主老刘却以建设电梯的决定未有效公示，建设电梯造成其住宅的通风、采光、日照、隐私等权利受到侵害为由，向法院起诉，请求其他业主停止使用电梯、拆除电梯设施、恢复公共露台原状，并要求其他业主赔偿其损失10万元。

普法讲堂

本案是相邻权纠纷案件。崇德修睦、包容互让是构建和谐邻里关系的重要条件。人们生活的距离越近，越需要包容和体谅。在多户同住一栋楼的情况下，无论是使用专有部分还是管理共有部分，都需要考虑其他业主的利益，按照法律规定的方式和程序进行。本案中，小区业主共同决定加装电梯，符合法律规定的程序，电梯与2单元房屋之间留有足够的距离，对该单元业主的通行、采光和通风没有造成妨碍，且电梯运行声响很小，未产生明显噪音。同时，为老旧小区楼房加装电梯，对方便住在高层的住户，尤其是老年人出行，具有重要意义，由该问题引发的纠纷不仅涉及每栋住宅中住户的权益，亦关系到社会和谐稳定。即便加装电梯确实给老刘的居住环境带来一定的变化，但在整体上不妨碍采光、通行、通风等相应权利的情况下，老刘对小区加装电梯的行为应负有一定的容忍义务。因此，最终法院驳回了老刘的诉讼请求。

法律链接

《民法典》第278条、第288条

26 共有人的花盆从阳台坠落砸坏楼下停放的汽车，应当由谁赔偿？

关键词：共有物侵权　物件损害责任

小张和小刘是一对情侣，两人共同租住的房屋有一个临街的小阳台。为了装饰这个小阳台，两人一起去花鸟市场购买了一些绿植摆放在阳台上。谁料一日狂风大作，阳台上的一盆绿植被大风吹落，砸中了老王停放在楼下的汽车。这一幕被小区的监控拍摄下来，随后车主老王根据监控视频找到小张和小刘，要求二人赔偿其车辆修理费用5万元，小张和小刘就如何承担赔偿款的问题产生了分歧。

普法讲堂

本案是一个共有物侵权案件。根据《民法典》第1253条的规定，建筑物、构筑物或者其他设施及其搁置物、悬挂物发生脱落、坠落造成他人损害，所有人、管理人或者使用人不能证明自己没有过错的，应当承担侵权责任。本案中，从阳台坠落并导致老王汽车被损坏的绿植是小张和小刘一起购买并共同使用的，小张和小刘都是这盆绿植的所有权人，这盆绿植是小张和小刘的共有物。

就共有物侵权中共有人应如何承担侵权责任的问题，《民法典》第307条规定："因共有的不动产或者动产产生的债权债务，在对外关系上，共有人享有连带债权、承担连带债务，但是法律另有规定或者第三人知道共有人不具有连带债权债务关系的除外；在共有人内部关系上，除共有人另有约定外，按份共有人按照份额享有债权、承担债务，共同共有人共同享有债权、承担债务。偿还债务超过自己应当承担份额的按份共有人，有权向其他共有人追偿。”

因此本案中，小张和小刘应对老王的损失承担连带责任，即无论老王要求谁进行赔偿，其均应当向老王支付全部赔偿款。但在小张和小刘内部，由于没有进行特殊约定，二人应当承担等额的按份责任，即一人承担 2.5 万元。

法律链接

《民法典》第 307 条、第 1253 条

27 擅自将朋友的玉石卖给邻居，邻居能取得所有权吗？

关键词：无权处分　善意取得　损害赔偿

小张和小刘是多年的好友，两人都酷爱收集玉石。小张为了装饰新家以 10 万元的市场价格购入了一块玉石，但由于小张家部分装修工作尚未完成，为避免玉石被损坏，小张将玉石寄存在小刘家中。一日，小刘的邻居小王在小刘家做客时发现了这块玉石，甚是喜爱，便提出以 13 万元的价格购买该玉石。小刘觉得小王开价够高，足够再买一块还给小张，便擅自决定将该玉石卖给小王，并谎称该玉石是自己在玉石市场上淘来的。小王知道小刘有收集玉石的喜好便信以为真，当日便付款并将玉石搬回自己家中。得知此事的小张大为恼火，其立即要求小刘和小王返还玉石，双方争执不下，闹到了法院。

普法讲堂

《民法典》第 311 条第 1 款规定：“无处分权人将不动产或者动产转让给受

让人的，所有权人有权追回；除法律另有规定外，符合下列情形的，受让人取得该不动产或者动产的所有权：（一）受让人受让该不动产或者动产时是善意；（二）以合理的价格转让；（三）转让的不动产或者动产依照法律规定应当登记的已经登记，不需要登记的已经交付给受让人。”本案中，玉石的所有权人是小张，小刘作为临时保管人对玉石不享有所有权，其未经小张同意将玉石卖给小王的行为属于无权处分，小张可以追回玉石，但由于小王构成“善意取得”，其可以取得玉石的所有权。

首先，小王购买该玉石时是善意的。《最高人民法院关于适用〈中华人民共和国民法典〉物权编的解释（一）》第 14 条第 1 款规定：“受让人受让不动产或者动产时，不知道转让人无处分权，且无重大过失的，应当认定受让人为善意。”本案中，由于小刘谎称该玉石是自己买来的，且小刘自己也确实热爱收集玉石，故小王有理由确信小刘是该玉石的所有权人，小王不存在重大过失，应当认定其购买玉石时是善意的。其次，小王已经支付了合理的价款。根据《最高人民法院关于适用〈中华人民共和国民法典〉物权编的解释（一）》第 18 条，“合理的价格”应当根据转让标的物的性质、数量以及付款方式等具体情况，参考转让时交易地市场价格以及交易习惯等因素综合认定。本案中，小王实际支付的价款略高于本地近期的市场价格，属于以合理的价格进行购买。最后，小王当天便付款搬走了玉石，故小刘已经将玉石实际交付给了小王。综上，小王构成“善意取得”，其可以取得该玉石的所有权，若其不愿意将玉石退回，小张则不能追回玉石。

同时，《民法典》第 311 条第 2 款规定：“受让人依据前款规定取得不动产或者动产的所有权的，原所有权人有权向无处分权人请求损害赔偿。”故本案中，小张可以要求小刘赔偿自己的损失。

法律链接

《民法典》第 311 条;《最高人民法院关于适用〈中华人民共和国民法典〉物权编的解释(一)》第 14 条、第 16 条、第 17 条、第 18 条

28

承租人对房屋进行过装修，租约到期后装饰装修物应当归谁所有?

关键词:添附　房屋租赁

小张来到临江市打工，为了通勤方便，其租下了老李的房屋并在经过老李允许后对出租屋进行了装修。小张给房间重新贴了墙纸并且更换了地板和瓷砖，但小张和老李并未对上述墙纸、地板、瓷砖的归属作出约定。后来出于疫情原因，小张回到老家并且迟迟没有交房租，老李据此要求解除与小张的房屋租赁合同并在将小张的个人物品打包后，直接将该房屋另行出租。小张回到临江市后要求老李继续履行租赁合同却遭到拒绝，遂要求老李返还其购买墙纸、地板、瓷砖的费用，二人争执不下，诉至法院。

普法讲堂

《民法典》第 322 条规定:“因加工、附合、混合而产生的物的归属，有约定的，按照约定;没有约定或者约定不明确的，依照法律规定;法律没有规定的，按照充分发挥物的效用以及保护无过错当事人的原则确定。因一方当事人的过错或者确定物的归属造成另一方当事人损害的，应当给予赔偿或者补偿。”本案中，小张为老李的房屋重贴墙纸，铺设地板、瓷砖的行为导致其购

买的墙纸、地板、瓷砖等装饰装修物与老李的房屋发生附合，不宜再进行分离。同时，小张和老李对于装饰装修物的归属未作约定，从物尽其用的角度来看，房屋的所有权人老李应当取得上述装饰装修物的所有权。从保护无过错当事人的角度来看，合同因小张的违约而解除，老李亦属于无过错的一方。因此，相关装饰装修物应当归老李所有，但老李应对小张因此产生的损失进行适当补偿。

同时，根据《最高人民法院关于审理城镇房屋租赁合同纠纷案件具体应用法律若干问题的解释》第 9 条第 2 项的规定，在承租人经出租人同意进行装饰装修且双方对已形成附合的装饰装修物的处理没有约定的情况下，即使合同解除是承租人违约导致的，如果出租人同意继续利用相关装饰装修物，承租人可以请求出租人在装饰装修物的利用价值范围内予以适当补偿。因此本案中，虽然租赁合同的解除系小张拖欠房租导致，但老李直接将房屋另行出租的行为表示其愿意继续利用小张提供的装饰装修物，故老李应在上述装饰装修物的利用价值范围内对小张予以适当补偿。

法律链接

《民法典》第 322 条;《最高人民法院关于审理城镇房屋租赁合同纠纷案件具体应用法律若干问题的解释》第 9 条

29 土地经营权应当如何流转?

关键词：三权分置　土地经营权流转　土地租赁合同

老张想要在黑土村开展草莓园经营，于是找到村民老王、老李等人，提出想要承租他们的承包地共计 100 亩。老王、老李等人正欲外出打工便欣然允诺并与老张签订了为期九年的土地租赁合同。合同签订后，老张向老王、老李等人支付了第一轮三年土地租金 6 万余元，并在租赁的土地上开始修建草莓种植大棚及相关附属设施。但该合同并未在村委会备案，老张亦没有去村委会核实老王、老李等人的承包地状况。后来老张与村委会就土地经营权是否设立问题产生纠纷，诉至法院。

普法讲堂

承包地“三权分置”是指在实行家庭联产承包责任制，将土地所有权和承包经营权分设，土地所有权归集体，土地承包经营权归农户的基础上，从土地承包经营权中分离出土地经营权，允许承包方将具有经济价值的土地经营权流转。根据《民法典》第 339 条和第 340 条，从流转方式上来看，土地承包经营权人可以自主决定依法采取出租、入股或者其他方式向他人流转土地经营权。从权利内容上来看，土地经营权是指在约定期限内利用农村土地进行农业生产经营并取得收益的权利，其并不要求权利人具有集体经济组织成员身份。同时，《农村土地承包法》第 38 条至第 40 条对土地经营权的流转作出了细化规定：第一，土地经营权流转应当遵循依法、自愿、有偿原则订立流转合同，任何组织和个人不得强迫或者阻碍土地经营权流转，不得擅自截留、扣缴流转收益；第二，土地经营权的流转不得改变土地所有权的性质和土地的农业用途，不得破坏农业综合生产能力和农业生态环境；第三，土地经营权的流转期限不得超过承包期的剩余期限；第四，土地经营权流转的受让方须有农业经营能力或者资质，且在同等条件下，本集体经济组织成员享有优先权。

本案中，黑土村村民老王、老李等人以家庭承包方式承包了相应的土地，享有土地承包经营权，其可以出租的方式向老张流转土地经营权。根据《最高人民法院关于审理涉及农村土地承包纠纷案件适用法律问题的解释》第 14 条，承包方依法采取出租、入股或者其他方式流转土地经营权，发包方仅以该土地经营权流转合同未报其备案为由，请求确认合同无效的，不予支持。即使该合同未经村委会备案，该土地租赁合同仍然有效。同时，《民法典》第 341 条规定："流转期限为五年以上的土地经营权，自流转合同生效时设立。当事人可以向登记机构申请土地经营权登记；未经登记，不得对抗善意第三人。"本案中，租赁合同约定土地经营权流转期限为九年，故老张的土地经营权自合同生效时确立，且老张可以申请进行土地经营权登记。

法律链接

《民法典》第 339 条、第 340 条、第 341 条；《最高人民法院关于审理涉及农村土地承包纠纷案件适用法律问题的解释》第 14 条

30 房屋所有权人可以通过合同为他人设定居住权吗？

关键词：居住权的设立　居住权的效力

年近七十的老张独自居住在自己名下的房屋中，因子女都在国外生活且自己日渐难以应对家务琐事，老张雇用了保姆小赵负责自己的饮食起居。多年来小赵一直如儿女一般陪伴、照顾着老张，为了感谢小赵的付出，老张决定以自己的房屋为小赵设立居住权，允许小赵免费在自己的房屋中居住五年。随后，二人签订了居住权合同并办理了登记。后来，老张意外离世，老张的子女回国后要求小赵搬出房屋，并认为小赵只是住家保姆，老张已经过世，小赵无权继续居住在这里。双方产生分歧，诉至法院。

普法讲堂

根据《民法典》第 366 条，居住权是指为满足生活居住的需要，对他人的住宅享有的占有、使用的用益物权。居住权制度是《民法典》新增的制度，其具有如下特点：首先，居住权的客体是他人的住宅，可以是一套房屋，也可以仅为一套房屋中的一个房间。其次，居住权的目的主要在于满足生活需要，即主要用于日常生活而不能用于经营目的。最后，居住权包含占有、使用两项权能，其中具体的权利义务应当根据居住权合同确定。

根据《民法典》第 367 条和第 368 条，设立居住权时，当事人应当采用书面形式订立居住权合同并向登记机构申请居住权登记，居住权自登记时设立。本案中，老张和小赵订立了居住权合同并办理了登记，小赵的居住权已经设立，老张的子女无权要求小赵搬离房屋。此外，《民法典》第 369 条规定："居住权不得转让、继承。设立居住权的住宅不得出租，但是当事人另有约定的除外。"因此，小赵不得将自己的居住权转让给他人。同时，因为合同没有另外约定，小赵也不得将该房屋出租。

法律链接

《民法典》第 366 条、第 367 条、第 368 条、第 369 条

31 土地经营权是否可以用来抵押？

关键词：可以抵押的财产　不得抵押的财产

张虎打拼多年之后，终于开了一家水果店，取名花花水果店。因为张虎

为人诚信，从不缺斤少两，很快和周围的居民熟悉起来，并且生意越来越红火。于是，张虎打算扩大生产规模，他以花花水果店的名义向兴业银行申请贷款用于果品收购，并与该银行签订了《借款抵押合同》，以其之前拍卖所得依法登记取得权属证书的土地经营权抵押。后来因为张虎无法按期归还贷款，兴业银行要求实现其抵押权。那么，土地经营权是否可以抵押呢？

普法讲堂

本案主要涉及的问题是土地经营权是否可以抵押。《民法典》第 342 条规定当事人通过招标、拍卖、公开协商等方式承包农村土地，经依法登记取得权属证书的，可以依法采取出租、入股、抵押或者其他方式流转土地经营权。同时，以土地经营权抵押的，《农村土地承包法》第 47 条第 1 款、第 2 款明确规定："承包方可以用承包地的土地经营权向金融机构融资担保，并向发包方备案。受让方通过流转取得的土地经营权，经承包方书面同意并向发包方备案，可以向金融机构融资担保。担保物权自融资担保合同生效时设立。当事人可以向登记机构申请登记；未经登记，不得对抗善意第三人。"登记并非土地经营权抵押权设立的要件，但是当事人可以向登记机构申请登记；未经登记，不得对抗善意第三人。放开土地经营权之抵押，对赋予农民财产权、促进农业现代化、推动农村地区城镇化进程有着重要意义。

本案中，兴业银行是以张虎的土地经营权为抵押物签订抵押合同的，该抵押权依法设立。同时，双方已签订书面合同，抵押自合同生效时设立，兴业银行虽然没有完成登记，但只是无法对抗善意第三人而已，其依旧有权就土地经营权优先受偿。

法律链接

《民法典》第 342 条、第 395 条；《农村土地承包法》第 47 条

32 房屋被出租后再抵押，对承租人有影响吗？

关键词：先出租后抵押

凡凡与新一公司签订了《房屋租赁合同》，约定租期为三年。合同签订当天，凡凡进行了简装修后入住。半年后，新一公司因装修项目工程资金短缺与建设银行签订《借款合同》，并且为担保该笔借款，新一公司将其名下所有房产都抵押给了建设银行，并办理了抵押登记。后来，因为新一公司未能按时归还建设银行的借款，建设银行向人民法院提起诉讼，要求实现抵押权。在强制执行的过程中，承租方凡凡认为，租赁合同先于抵押合同签订，并且还未到期，拒绝搬走。那么，在已被出租的房屋上再设定抵押，原有租客究竟能否继续居住呢？抵押权人又应当注意什么问题呢？

普法讲堂

《民法典》第 405 条规定：“抵押权设立前，抵押财产已经出租并转移占有的，原租赁关系不受该抵押权的影响。”也就是说，当抵押关系与租赁关系发生冲突时，如果租赁关系成立在先，并且承租人已经实际占有了租赁物，那么承租人当然享有继续居住直到租赁期届满的权利。此时，承租人的利益应当优先于抵押权人的利益被保护。

本案中，抵押合同于房屋租赁合同设立后半年签订并成立，因此租赁关系的产生早于抵押权的设立时间。同时，合同签订当天凡凡进行了简装修后入住，说明承租人凡凡已经实际占有了租赁物，不存在“倒签”租赁合同的行为。因此，本案符合《民法典》第 405 条就“先出租后抵押”的规定。租客凡凡与新一公司之间的租赁关系能够对抗建设银行所享有的抵押权。凡凡无需搬离，建设银行的抵押权只能等到租赁期届满之后再行使。

房屋租赁与公众生活息息相关，密不可分。社会公众在租房前应当尽量做好调查，确认该房屋之上是否还存在抵押、已出卖等情形，提前一步保护自己的权益。

法律链接

《民法典》第405条

33 已经抵押的房屋还可以再次转让吗?

关键词：抵押财产转让　抵押权的追及效力　涤除权的规定

王明调动到新城市后，为尽快拥有稳定的生活，打算买套房子居住，但是新房太贵还得装修，最后他决定买一套二手房。正在这时，听说同事于娜想要卖房，王明与于娜协商后签订了《房屋买卖协议》，王明在约定期限内付清了房款。后来，王明一直催促于娜尽快完成房屋登记过户手续，但是于娜迟迟不办理，只是将该房屋交付给王明占有使用。王明再三催促无果，将于娜诉至法院，请求于娜按照约定履行房屋产权过户手续。法院在审理中发现，该房屋之上还设有抵押权。于娜承认，因急需用钱，确实将房屋抵押给了建设银行，不过双方并没有约定抵押财产不得转让，因此于娜才想着把房子卖给王明。那么，存在抵押的房屋是否可以被出售？王明与建设银行应该如何维护自身权益？

普法讲堂

本案涉及抵押财产转让的相关规定。根据《民法典》第 406 条的规定，抵押期间，抵押人可以转让抵押财产。当事人另有约定的，按照其约定。也就是说，如果抵押人与抵押权人并未约定禁止转让抵押财产，抵押人有权转让抵押财产，该转让行为不以抵押权人同意为生效条件。

就本条“另有约定”的规定而言，如果抵押合同约定，抵押财产不能转让或者转让须经抵押权人同意，应该区分该约定是否已完成登记而予以区别对待。根据《最高人民法院关于适用〈中华人民共和国民法典〉有关担保制度的解释》第 43 条的规定，如果当事人已就禁转协议完成登记，那么抵押权人原则上可以对抗受让人，有权主张该转让行为不发生物权效力，即便受让人已经实际占有该财产，抵押权人仍然可以根据抵押权的追及效力，向受让人主张权利。

为了兼顾受让人的利益，《最高人民法院关于适用〈中华人民共和国民法典〉有关担保制度的解释》第 43 条允许受让人通过行使涤除权的方式消灭抵押权。所谓涤除权，是指发生抵押物转让的情况时，抵押物的受让人向抵押权人支付一定的代价以消灭抵押权，在抵押权人接受受让人的给付后，抵押权消灭。

为保护抵押权人的利益，《民法典》第 406 条规定了抵押权的追及效力。抵押财产转让的，抵押权不受影响，即使抵押人转让了抵押财产，抵押权人仍有权自债权届满后行使抵押权。同时，还规定了抵押人转让抵押财产的，应当及时通知抵押权人。抵押人不履行该义务虽然不影响抵押权的效力，但是倘若因未及时通知造成抵押权人损害，应当承担赔偿责任。如果抵押人转让抵押财产可能损害抵押权，抵押权人有权请求抵押人将转让所得的价款用于提前清偿债务或者提存。

就本案而言，首先，于娜因为急需用钱，将已经抵押的房屋又卖给王明的行为应当适用《民法典》第406条的规定，即抵押期间，抵押人可以转让抵押财产，抵押财产转让的，抵押权不受影响。因此，于娜有权将房屋转让给王明，但是建设银行对该房屋享有的抵押权不受影响，其仍有权要求到期实现抵押权。其次，由于建设银行与于娜并没有约定抵押财产不得转让，因此，建设银行无权主张该房屋转让行为无效。再次，于娜应该向建设银行履行通知义务，如果因未及时通知造成建设银行权利受损，其应当承担赔偿责任，并且，如果建设银行能够证明该房屋转让行为可能损害抵押权，可以请求于娜将转让所得的价款向其提前清偿债务或者提存。最后，就王明而言，根据《最高人民法院关于适用〈中华人民共和国民法典〉有关担保制度的解释》第43条的规定，其有权行使涤除权，原则上建设银行不得拒绝。王明代替于娜清偿债务之后，有权请求建设银行协助办理涂销抵押权登记，并请求于娜协助其完成房屋所有权登记。

法律链接

《民法典》第406条；《最高人民法院关于适用〈中华人民共和国民法典〉有关担保制度的解释》第43条

34 同一财产上并存数个抵押权时应该如何处理?

关键词：抵押权竞存　顺位规则

南方公司为扩大生产规模，以一套价值1000万元的机器设备作抵押，于年初向建设银行贷款300万元，并办理了抵押登记。三个月后，因资金周转不足，南方公司又向招商银行贷款300万元，未办理抵押登记。其后，南方公司向兴业银行贷款300万元，在银行强烈要求之下，为该笔贷款办理了抵押登记。半年后，南方公司又向工商银行贷款200万元，未办理抵押登记。随后上述借款均到期，南方公司无力清偿四家银行的到期债务，各银行就抵押清偿顺序产生争执，诉至法院。那么，同一机器设备上并存数个抵押权时，各个银行的抵押权究竟应该如何实现？《民法典》对抵押权的实现顺位又作了何种规定？

普法讲堂

《民法典》第414条明确了在同一财产上设置重复抵押情形下的权利顺位规则，该规定的核心是以登记为中心建立重复抵押之间的权利顺位规则。具体而言：第一，登记在先的优先于登记在后的；第二，登记的优先于未登记的；第三，未登记的以债权比例确定。

就本案而言，依照《民法典》第414条的规定，首先，只有建设银行与兴业银行在案涉机器设备上存在抵押权登记，故而这两家银行的抵押权应当优先于招商银行与工商银行受偿。其次，建设银行的抵押权登记早于兴业银行的抵押权登记，因此根据登记在先原则，建设银行有权最先受偿。最后，由于招商银行与工商银行都没有就抵押权完成登记，故而这两家银行的债权只能按照债权比例进行清偿。因此，建设银行有权就300万元债权最先行使抵押权，接下来由兴业银行就300万元债权受偿。招商银行与工商银行只得在前两个银行受偿完毕后，依彼此的债权比例受偿。

法律链接

《民法典》第414条

35 同一财产上既有抵押权又有质权时应该如何处理？

关键词：抵押权与质权竞存　顺位规则

2021年1月，广木公司从农业银行贷款500万元，并以其下所有的3辆机器设定动产质押并完成了登记，但是直到同年6月才将机器交付给农业银行。后来，广木公司未按合同约定履行还款义务，农业银行将广木公司诉至法院。经法院审理判决，广木公司用于质押的机器折价或者拍卖、变卖后的价款应当优先偿还农业银行的500万元贷款及利息。正当农业银行要实现质权时，发展银行向法院提起诉讼，认为其对上述机器享有的抵押权应当列于农业银行前先行受偿。经法院调查，发展银行对上述机器设立抵押权的抵押登记时间为2021年4月。那么，本案中哪家银行应该先行受偿呢？当同一财产上既有抵押权又有质权时，其清偿顺位应该如何判断？

普法讲堂

《民法典》第415条规定："同一财产既设立抵押权又设立质权的，拍卖、变卖该财产所得的价款按照登记、交付的时间先后确定清偿顺序。"该条确立了抵押权与质权的效力顺位规则。同一财产上既存在抵押，又存在以交付作为公示方法的质权，此时就依法定公示的先后确定顺位，即依据登记、交付的时间先后确定清偿顺序，而不能完全以登记的先后确定顺位。如果抵押权登记在先而质押财产交付在后，则抵押权顺位在先；如果抵押权登记在后而质押财产交付在先，则质权顺位在先。

本案中，发展银行与广木公司于2021年4月完成了相关机器的抵押权登记，具有对抗第三人的效力。而农业银行虽然于2021年1月就签订了质押合同，但是直到2021年6月广木公司才完成交付，晚于抵押权登记的时间。依据《民法典》第415条的规定，农业银行对机器的优先受偿权应当略后于发展银行。

法律链接

《民法典》第415条

36 质权人擅自处分质押汽车并造成损坏，出质人该如何维护自身权益？

关键词：质权人的妥善保管义务

最近，韩西因为生意资金周转不过来十分烦恼，于是开始关注各种贷款业务。寻寻觅觅之下，他在同城网站上看到邹北可以办理抵押车辆贷款、代办银行放款业务。因韩西急需资金，便与邹北取得了联系，将自有轿车质押给了邹北以获取借款。借款到期之后，韩西准备一次性偿还本金取回自己的车辆，却被邹北告知，车已经被其朋友杨男开走。后韩西找杨男要求返还车辆，杨男要求韩西支付6万元才能归还车辆。韩西忍无可忍之下，将邹北与杨男诉至法院，要求二人返还汽车。在审理中，法院查明杨男并未妥善使用汽车，造成了一定程度的损坏。那么，韩西是否可以请求质权人返还汽车？邹北作为质权人是否有权擅作主张将他人的汽车交给别人使用？杨男的不当使用造成汽车损坏，应该由谁承担赔偿责任？

普法讲堂

《民法典》第 431 条规定:“质权人在质权存续期间，未经出质人同意，擅自使用、处分质押财产，造成出质人损害的，应当承担赔偿责任。”《民法典》第 432 条第 1 款规定:“质权人负有妥善保管质押财产的义务；因保管不善致使质押财产毁损、灭失的，应当承担赔偿责任。”根据上述规定，质权人如果无法证明自己已经尽到了妥善保管的义务，就应当承担赔偿责任。因此，质权人无权使用质押财产，并且负有妥善保管质押财产的义务；在动产质权不具备实行的条件时，质权人也无权处分质押财产。质权人擅自使用、处分质押财产的行为既属于违约行为又属于侵权行为，出质人有权请求质权人承担民事责任。

本案中，韩西将其名下的车辆质押给邹北后进行借款，邹北作为质权人，具有妥善保管质物的义务。借款期限届满后，出质人韩西准备一次性偿还本金取回车辆时，质权人邹北应当返还质物。邹北无权拒绝返还质物，也无权擅自将汽车交给好友杨男使用。同时，因杨男不当使用汽车，导致汽车损坏，质权人邹北应当根据《民法典》第 431 条、第 432 条的规定承担赔偿责任。杨男对韩西汽车之占有根据《民法典》第 235 条之规定，属于无权占有，韩西有权请求其返还。同时，杨男损坏车辆这一行为则属于对韩西的侵权，韩西有权请求杨男、邹北承担侵权损害赔偿责任。

法律链接

《民法典》第 235 条、第 431 条、第 432 条

37 不支付维修费，维修人可以留置维修物吗？

关键词：留置权

王路是个包工头，因为施工队里的挖掘机出现了故障，所以王路就将挖掘机送到杨飞的维修店进行焊接维修。杨飞进行了相应的前期维修工作，在修理工作完成前，王路告诉杨飞暂时不修了，该挖掘机便放置在杨飞的店里。三个月后，王路联系杨飞要求取走挖掘机，但是只字未提支付维修费的事情。因为双方尚有维修费未结算完毕，杨飞没有同意王路取走挖掘机。这让王路十分愤怒，认为杨飞强行霸占其挖掘机，于是将杨飞告上法庭。法院在审理的过程中发现，王路尚未完全结清维修费，因此杨飞才拒绝将挖掘机返还。那么，在本案中杨飞是否有权留置该挖掘机？

普法讲堂

根据《民法典》第447条的规定，留置权是指债务人不履行到期债务，债权人可以留置已经合法占有的债务人的动产，并有权就该动产优先受偿。只有在债权已届清偿期，同时留置的动产与债权属于同一法律关系，债权人已经合法占有该动产时才会产生留置权。此类权利多发生在维修、运输、承揽等法律关系中。如果一方当事人拒绝支付维修价款或运输价款，另一方当事人有权留置维修或运输的财物，以保障自身的权益。同时，《民法典》第453条规定了留置权的实行及其条件以及担保债权优先受偿，即留置权人与债务人应当约定留置财产后的债务履行期限，债务人逾期未履行的，留置权人可以与债务人协议以留置财产折价，也可以就拍卖、变卖留置财产所得的价款优先受偿。

本案中，王路与杨飞均承认双方存在挖掘机维修关系，杨飞对挖掘机属于有权占有，王路也承认未全部支付维修费，在王路未结清维修费用前，杨飞有权留置该财产。王路在承认双方之间有未结清的维修费用的前提下，要求杨飞返还留置财产的请求不符合法律规定，其应当在支付维修费后再请求杨飞返还挖掘机。同时杨飞有权与王路约定留置财产后的债务履行期限，如果王路到期仍不清偿维修费，杨飞可以与王路协议以留置财产折价，也可以就拍卖、变卖留置财产所得的价款优先受偿。

法律链接

《民法典》第 447 条、第 453 条

第三章

合同编

38 口头订立的合同是否具有法律效力？

关键词：口头合同的效力

冯小美与康康医疗美容公司签订了《激光美容协议书》，该医疗美容公司口头承诺，通过3到6个月的激光美容可以让冯小美的妊娠纹达到“肉眼看不见”的程度。冯小美先后在该医疗美容公司进行过7次治疗，妊娠纹相对于之前有明显淡化，但是并没有达到“肉眼看不见”的效果。随后，冯小美将该医疗美容公司诉至法院，要求该医疗美容公司退还近4万元的美容费用，冯小美的主张能否得到支持？美容院类似的口头承诺是否具有法律效力？

普法讲堂

司法实践中，类似美容院、健身房等商家为招揽客户，通常会通过口头形式作一些过分夸大事实效果的宣传，客户基于此宣传选择付款，但结果没有令客户满意时，商家会辩称当时以口头形式所作的承诺不具有法律效力，拒绝承担责任。

对此，《民法典》第469条明确了口头形式为订立合同的一种形式，即“当事人订立合同，可以采用书面形式、口头形式或者其他形式”。口头形式是指当事人以面对面的谈话或者以电话交流等方式达成的协议，如在市场买菜、在商店买衣服等。口头形式是老百姓日常生活中广泛采用的合同形式。因此，商家以口头形式作出的意思表示经由消费者同意，代表双方以口头形式达成了合意，构成合同条款。但是，以口头形式订立的合同的确存在难以举证的风险，一旦一方矢口否认口头合同的存在，另一方当事人很有可能陷入被动的局面。因此建议社会公众注意收集证据，比如当事人签署的送货单、移交的货物、录音录像、聊天记录等。

本案中，虽然冯小美与康康医疗美容公司签订的书面协议上并未约定具体治疗效果，但是该医疗美容公司为吸引冯小美进行治疗，以口头形式对冯小美所作妊娠纹达到“肉眼看不见”的程度的要约经冯小美同意，构成书面美容合同以外的合同条款，对双方均具有约束力，属于《民法典》第143条规定的有效的民事法律行为。现在冯小美的疤痕较之治疗前有明显淡化，但远未达到“肉眼看不见”的效果。康康医疗美容公司在治疗过程中未履行约定的行为已构成违约。但是考虑到冯小美确实接受了较久的治疗且有一定的治疗效果，综合考量下，法院判决康康医疗美容公司向冯小美退还部分治疗费。

法律链接

《民法典》第143条、第469条

39 购房后发现开发商虚假宣传，购房者应如何维权？

关键词：要约的内容

王小强打算在结婚前买套适合自己的房子。几个月里，他综合考虑了地段、价格、户型、学区等因素，逛遍了城中各大售楼处。一天，王小强来到一个离市中心相对较远的售楼处，他原本对这个位置不太满意，但看楼盘规划图，小区内绿化率高，还有一个很大的人工湖，仿佛花园一般，就动了心。咨询之后，销售人员告诉他，小区的绿化率超过了国家标准。经过销售人员的多次劝说，王小强决定签订购房合同，他看到合同中也明确记载着销售人员所说的绿化问题，于是不再犹豫买下了该小区的一套房子。一年后，小区建成，王小强签字收房时发现，小区的绿化和公共设施与他的预期相差甚远。所谓的草坪，原来是大面积铺设的一块块“植草砖”，绿化效果大打折扣。更令人啼笑皆非的是，宣传画上湛蓝的人工湖，竟然是用蓝色的塑胶制作的。他和其他觉得遭受欺骗的业主一起找到开发商理论，开发商却声称，他们从来没有说过小区里有人工湖，塑胶“人工湖”只不过是小区设计的景观而已。那么，王小强是否只得吃哑巴亏？他应该如何维护自己的权利？

普法讲堂

根据《民法典》第 472 条的规定，只要希望与他人订立合同的意思表示内容具体确定，就表明经受要约人承诺，要约人就应当受该意思表示约束。《民法典》第 473 条规定，要约邀请是希望他人向自己发出要约的表示。拍卖公告、招标公告、招股说明书、债券募集办法、基金招募说明书、商业广告和宣传、寄送的价目表等为要约邀请。商业广告和宣传的内容符合要约条件的，构成要约。对此，《最高人民法院关于审理商品房买卖合同纠纷案件适用法律若干问题的解释》第 3 条有更进一步的规定，即商品房的销售广告和宣传资料为要约邀请，但是出卖人就商品房开发规划范围内的房屋及相关设施所作的说明和允诺具体确定，并对商品房买卖合同的订立以及房屋价格的确定有重大影响的，构成要约。也就是说，出卖人发布的销售广告和宣传资料如构成要约需同时符合两个构成要件：一是出卖人就商品房开发规划范围内的房屋及相关设施所作的说明和允诺具体确定；二是对商品房买卖合同的订立以及房屋价格的确定有重大影响。

本案中，开发商对绿化效果的广告宣传都是明确具体的，并且直接影响到了王小强的购房意愿与房屋价格。因此，宣传中所提到的绿化效果就应当视为要约，对双方都具有约束力。购房者王小强基于对此内容的信赖签订购房合同后，购房合同成立并生效。而小区建成后，开发商并没有履行合同义务，未修建宣传中所承诺的绿化工程，属于违约行为。《民法典》第577条规定："当事人一方不履行合同义务或者履行合同义务不符合约定的，应当承担继续履行、采取补救措施或者赔偿损失等违约责任。"因此，开发商应当承担违约责任。王小强等业主有权要求开发商赔偿损失，要求其开挖人工湖、铺设草坪。

法律链接

《民法典》第472条、第577条；《最高人民法院关于审理商品房买卖合同纠纷案件适用法律若干问题的解释》第3条

40 商家擅自取消网购订单，消费者该如何维权？

关键词：网络交易合同的效力

在"双十一"这天，丽丽熬夜网购了许多商品，并且已成功提交订单，正在开心之时，却被不同的商家以商品缺货、系统出错、操作失误、订单异常、产品质量等理由擅自取消订单。这种现象被称为"砍单"，在很多大型网购平台中都曾出现过。那么，商家是否有权擅自取消订单或者劝导消费者取消订单？对于此种情况，消费者又该如何保护自身合法权益？《民法典》对此作出了何种规定？

普法讲堂

近年来，网络购物发展迅速，商家为达到营销的效果，故意设置低价，

博取消费者的关注，等到消费者下单付款后，却迟迟不发货，或直接取消订单。针对上述现象，《民法典》第491条第2款规定："当事人一方通过互联网等信息网络发布的商品或者服务信息符合要约条件的，对方选择该商品或者服务并提交订单成功时合同成立，但是当事人另有约定的除外。"《电子商务法》第49条第1款也规定："电子商务经营者发布的商品或者服务信息符合要约条件的，用户选择该商品或者服务并提交订单成功，合同成立。当事人另有约定的，从其约定。"

根据上述规定，网购合同在买家选择相应商品或服务并提交订单成功时即成立。商家通过网络向不特定多数人发布促销信息，内容具体确定，体现了只要买家按活动规则下单付款商家即可发货的意思表示，该类促销信息应当构成网购合同的要约。而买家选择将该商品或者服务加入购物车，并且按照平台要求提交订单，就构成网购合同的承诺。当交易服务界面显示提交订单成功时，合同即告成立，界面显示"订单提交成功"的时间就是网购合同的成立时间。

《民法典》第502条第1款规定："依法成立的合同，自成立时生效，但是法律另有规定或者当事人另有约定的除外。"根据该规定，网络购物合同成立后随即发生效力，开始对双方当事人产生拘束力。任何一方都要按照合同约定履行合同，消费者需要按时支付价款，商家要依约发货，不能随意解除合同或者违反合同的约定，否则就要承担违约责任。

在本案中，商家在网络电商平台上发布商品的销售信息，数量、价格、款式、优惠等信息都已经具体确定，构成向不特定人发出的要约。丽丽按照网络电商平台的要求选购商品并提交订单的行为构成承诺。网络电商平台显示"订单提交成功"的时候，就表明合同已经成立生效，合同双方都应当依约履行合同。事后，商家"取消订单"的行为，实质上是商家单方主张解除网络购物合同。"商品售罄"等理由不是商家解除合同的条件，并且商家也不享有解除权，无权单方面决定“取消订单”。如果商家继续坚持“取消订单”，就会构成拒不履行合同的违约行为，丽丽有权要求商家承担违约责任。

法律链接

《民法典》第 491 条、第 502 条;《电子商务法》第 49 条

41 开发商将已经签订订购协议的房屋再出售给第三人，原购房者能否依据协议要求开发商交付房屋?

关键词：预约合同

同力公司打算将其拟开发建设的部分楼盘对外进行出售。张强与同力公司就一套商品房签订了一份《商品房订购协议》，该订购协议约定：张强预订同力公司开发的橙黄时代小区商品房一套，对该房屋的建筑面积、房屋单价、缴款方式等都已作了约定，并且特别写明正式签订合同时单价不变，张强按照约定缴纳了预付款。其后，因拆迁受阻，工程进度拖延，同力公司未通知张强签订商品房买卖合同。因政策需要，同力公司此后建设的橙黄时代小区的商品房套型面积发生了变化。后来，同力公司将其与张强签订的订购协议中约定的商品房又出卖给了他人。张强得知后起诉同力公司要求赔偿。那么，本案中张强与同力公司达成的合同究竟是预约合同还是本约合同？预约合同是否同样具有法律拘束力？违反预约合同应承担何种责任？

普法讲堂

《民法典》第 495 条第 1 款规定：“当事人约定在将来一定期限内订立合同的认购书、订购书、预订书等，构成预约合同。”预约合同的目的在于将来能够成功签订本约合同，也就是说，预约合同本身不能构成购房者获得商品房所有权的依据。关于预约与本约的区分，根据《最高人民法院关于审理商品房买卖合同纠纷案件适用法律若干问题的解释》第 5 条的规定，只有具备双方当事人的名称或者姓名和住所、商品房的基本状况等重要条款的，才可以认定认购书属于本约，反之，则应认定为预约合同。

本案中，张强与同力公司签订的《商品房订购协议》虽然对双方当事人以及房屋的基本情况有初步约定，但对商品房的交付时间、办证时间、违约责任等诸多直接影响双方权利义务的重要条款没有明确约定，而是需在签订买卖合同时进一步协商。双方在该订购协议中通篇所用的词语表达为“预订”“预计”等，说明双方在签订该订购协议时对于该行为的性质为预约合同的认识是明确的，并且张强支付的价款为“预付款”，并非购房款。因此，双方签订的《商品房订购协议》实际上是以将来签订商品房买卖合同为目的的预约合同。

是否可以根据预约合同强制履行本约呢？根据《民法典》第 580 条的规定，如果出现法律上或者事实上不能履行的情形，违约方可以拒绝履行。本案中，案涉房屋已经被同力公司卖给了第三人，此时要求违约方基于预约合同强制配合订立本约的请求，属于“法律上或者事实上不能履行的情形”。这种情况下，要求违约方承担违约责任，赔偿损失即可，不必强制要求订立本约。因此张强不能以此订购协议为依据要求同力公司继续与其签订本约，张强无法依据该协议要求同力公司交付房屋。但是，张强在与同力公司签订《商品房订购协议》后，有理由相信同力公司会按约定履行订立本约合同的义务，从而丧失了按照订购协议约定的房屋价格与他人另订购房合同的机会。同力公司违反约定将房屋出卖给第三人的行为属于违约行为。《民法典》第 495 条第 2 款规定:“当事人一方不履行预约合同约定的订立合同义务的，对方可以请求其承担预约合同的违约责任。”因此，张强有权请求同力公司承担违约责任。

法律链接

《民法典》第 495 条、第 580 条;《最高人民法院关于审理商品房买卖合同纠纷案件适用法律若干问题的解释》第 5 条;《商品房销售管理办法》第 16 条

42 旅游合同中约定因第三方侵害导致旅游者人身、财产权益受损，旅行社不承担赔偿责任的条款是否有效?

关键词:免责条款的无效事由

张玉一直向往祖国的大好河山，终于在一个节假日下定决心，打算报一个旅游团跟团出行，这样一来更加安全还能认识更多的朋友。于是，张玉与亮亮旅行社签订了旅游合同，该合同中有一条款是“由于第三方侵害等不可归责于旅行社原因导致旅游者人身、财产权益受损的，旅行社不承担赔偿责任”。张玉看到此条款专门询问了工作人员，工作人员说:“没事没事，大家都这样签!”于是张玉不再犹豫，报名参加亮亮旅行社组织的旅游活动，支付了旅游费并如约参加旅游活动。旅游期间，亮亮旅行社安排游客乘坐中田客运所有的客车返程。途中，客车与另一轿车发生碰撞，事故造成张玉严重受伤。张玉为维护自身的合法权益，特向法院起诉，请求法院判令亮亮旅行社、中

田客运赔偿其医疗费、交通费、住院伙食补助费、残疾者一次性生活补助费、残疾赔偿金、鉴定费、营养费等各项费用共计人民币 20 万元。那么，张玉的请求能否得到法院支持？上述旅游合同中的免责条款是否有效？

普法讲堂

本案涉及旅游合同中免责条款是否有效的问题。合同中的免责条款是指合同中的双方当事人在合同中约定的免除或者限制一方或者双方当事人责任的条款。根据《民法典》第 506 条的规定，以下两种免责条款无效：一是造成对方人身损害的。因为对于人身健康和生命安全，法律是给予特殊保护的。如果允许免除对他人人身伤害的责任，那么就无异于纵容当事人利用合同形式对他人的生命健康进行摧残，这与保护公民人身权利的宪法原则相违背。二是因故意或者重大过失造成对方财产损失的。这类条款严重违反了诚信原则，如果允许这类条款存在，就意味着允许一方当事人利用这种条款不公平对待对方当事人，损害对方当事人的权益。

就本案而言，张玉与亮亮公司约定"由于第三方侵害等不可归责于旅行社原因导致旅游者人身、财产权益受损的，旅行社不承担赔偿责任"的条款属于典型的造成对方人身损害的免责条款。根据《民法典》第 506 条的规定，该条款属于无效的免责条款，因此张玉就车祸遭受到的人身损害有权向亮亮旅行社主张损害赔偿责任。

法律链接

《民法典》第 506 条

43 债务人提前清偿债务，债权人是否可以拒绝？

关键词：债务人的提前履行

2021 年 3 月，供销社与小康食品公司签订了一份干辣椒买卖合同，合同约定供销社向小康食品公司出售特定质量的干辣椒 5000 公斤，货款总计 1.2 万元。交货日期和交货数量为 2021 年 9 月上旬交付 3000 公斤，10 月中旬再交付 2000 公斤。交货地点为小康食品公司仓库，由供销社负责运货，小康食品公司验收后付款。合同签订后，2021 年 9 月上旬，供销社按期交付干辣椒 3000 公斤，小康食品公司验收后付款。9 月下旬，供销社电告小康食品公司，由于集中收购的干辣椒数量较多，库房十分紧张，为保证干辣椒质量起见，恳请小康食品公司能够提前接受第二批干辣椒。小康食品公司接此电报后，由于主管人员均出差在外，未作答复。供销社未收到小康食品公司的回音，考虑到由于库房紧张，可能因长期挤压严重影响辣椒和其他货物的质量，遂于 9 月 26 日直接向小康食品公司发出了第二批货物。货抵小康食品公司后，供销社要求其验货付款，小康食品公司则认为供销社擅自将货物运来，未经其同意，违反了合同约定的交货时间，同时由于自身的库房也紧张，只得另租仓库存放干辣椒。小康食品公司负责人非常不满，于是起诉至法院，要求供销社承担租金。该主张是否能够得到支持？当事人是否可以任意提前履行合同？

普法讲堂

《民法典》第 509 条将全面履行作为合同履行的基本原则。全面履行是指当事人应当按照约定全面履行自己的义务，其中就包括按照约定的履行期限履行债务。履行期限是合同双方根据自身需求而作出的约定，属于合同的重要内容。债务人提前履行债务属于违反合同约定的行为，可能会给债权人带来不便，甚至损害债权人利益。针对是否可以提前履行的问题，《民法典》第530条规定：首先，债务人不得无故、随意直接提前履行债务。如果提前履行，债权人可以拒绝。其次，如果提前履行不损害债权人利益，债权人有义务接受提前履行，无权拒绝。最后，因提前履行产生额外的费用，也应当由任意提前履行一方当事人承担。

在本案中，供销社由于库房紧张且考虑到干辣椒的质量，遂提前履行了第二批干辣椒的交货义务。供销社的提前履行虽然使得小康食品公司需要另行寻找库房并支出多余的保管费用，但因该履行不损害小康食品公司的利益，小康食品公司应当选择接受该提前履行，并且可以要求供销社承担由此产生的额外租金。但是，如果提前履行行为有可能导致小康食品公司利益受损，小康食品公司可以拒绝债务人提前履行债务，并且在第二批干辣椒约定的履行时间到达且供销社没有提供干辣椒时，向供销社主张违约责任。

法律链接

《民法典》第509条、第530条

44 合同中负有先履行义务的一方发现对方经营状况严重恶化时，应该怎么办？

关键词：不安抗辩权　解除合同

彩虹公司与印象公司一直有长期的加工合作关系，但是因为彩虹公司拖欠印象公司加工款 180 万元长达半年之久，于是印象公司对彩虹公司的运营状况进行了调查，结果发现彩虹公司不仅拖欠这一笔债务，还拖欠了实业公司加工款 300 万余元，并且经过和解后约定三年内分期给付。同时，印象公司还发现彩虹公司已将名下的各种财产分别抵押。于是印象公司以不安抗辩为由通知彩虹公司中止履行剩余两份加工合同，并要求其在两周内提供担保。但是彩虹公司没有对提供担保进行回应，只是口头表示其有清偿能力。于是印象公司向法院提起诉讼，请求解除合同并且要求彩虹公司赔偿堆积在仓库内的半成品。那么，印象公司是否可以中止履行？其主张能否得到法院的支持？

普法讲堂

本案涉及不安抗辩权的行使规则。根据《民法典》第 527 条的规定，不安抗辩权是指双务合同成立后，应当先履行债务的当事人有确切证据证明对方不能履行义务，或者不履行合同义务的可能性较高时，在对方恢复履行能力或者提供担保之前，有权中止履行合同义务。不安抗辩权行使的情形包括对方经营状况严重恶化；转移财产、抽逃资金，以逃避债务；丧失商业信誉；有丧失或者可能丧失履行债务能力的其他情形。同时，《民法典》第 528 条规定，应当先履行的当事人行使不安抗辩权并中止履行后，应当及时通知对方当事人。要求对方在一定期限内提供担保，对方提供适当担保的，应当恢复履行。如果对方在合理期限内未恢复履行能力且未提供适当担保，视为以自己的行为表明不履行主要债务，中止履行的一方可以解除合同并请求对方承担违约责任。

本案中，彩虹公司运营情况极为恶化，已经延迟给付印象公司 180 万元，并且印象公司经过调查发现其另外背负着大量债务，表明其履约能力显著不足。彩虹公司也没有拿出证据证实自己如今具备充分的给付能力，根据《民法典》第 527 条的规定，印象公司有权以彩虹公司经营状况严重恶化、有丧失或者可能丧失履行债务能力为由行使不安抗辩权，暂时停止履约并要求彩虹公司提供担保。彩虹公司被告知以后没有就其给付能力作出答复，也没有提供任何担保的行为符合《民法典》第528条的规定，印象公司有权据此解除合同并请求彩虹公司承担相应的违约责任。

法律链接

《民法典》第527条、第528条

45 经营者变更企业名称并拒绝履行合同义务的，消费者是否有权要求其承担违约责任？

关键词：当事人名称变更对合同履行的影响

蒋宁到星星公司购买了电视机一台，全额支付，星星公司出具了一份送货单，同时开具全额发票一张，并承诺3天后将电视机送至蒋宁处，但一直未兑现承诺。一个多月后，该店因消防问题停止营业，后经营主体名称变更为月亮公司。在此期间，蒋宁多次协商送货事宜，月亮公司均以自己未接手原主体债务关系为由拒绝。蒋宁上网搜索发现，星星公司的住址、社会代码号、成立时间等基本信息均未发生变化，仅变更了名称。蒋宁又去找月亮公司沟通，月亮公司推托自己不是当时的星星公司，不能承担责任。蒋宁十分困惑，难道仅是名称改变，就无需承担改名之前的债务了吗？蒋宁应当如何维护其权益呢？

普法讲堂

本案涉及的问题是当事人能否出于姓名、名称变更等原因不履行变更前的合同义务？如果债务人以这类理由拒绝履行债务，债权人应该如何维护自身权益？

《民法典》第 532 条明确规定："合同生效后，当事人不得因姓名、名称的变更或者法定代表人、负责人、承办人的变动而不履行合同义务。"当事人以此为由不履行合同义务的，应当承担违约责任。

本案中，星星公司只是变更了主体名称，没有实质上改变合同主体，不会导致民事主体身份的更替或者转移，也不会使既有的合同关系移转或者消灭。因此，星星公司以公司名称改变为由对抗责任义务的承担不能成立。蒋宁与星星公司订立的买卖合同不因星星公司将企业名称变更为月亮公司而改变，合同双方应严格按照约定履行各自的义务。月亮公司未按照约定送货，迟延履行主要债务，致使蒋宁不能实现合同目的，蒋宁有权依据《民法典》第 563 条的规定行使法定合同解除权，解除买卖合同关系并且请求月亮公司退还货款，也有权选择不解除合同，要求月亮公司根据原合同内容继续履行送货义务。

法律链接

《民法典》第 532 条、第 563 条

46

因客观情况发生变化导致合同继续履行会对一方造成明显不公平，当事人应该如何维护自身权利？

关键词：情势变更的适用

鲁喜将自有房屋租给泉水酒店三年，供其经营。然而疫情暴发后，泉水

酒店不得不因为疫情及相关防控要求停业。为控制损失，泉水酒店与鲁喜协商，希望降低房租或者直接解除合同，但鲁喜认为合同租期未满，拒绝解除合同，同时也不愿降低房租，后双方协商未果。泉水酒店认为疫情导致其无法营业，再租房子也没有什么作用，鲁喜还十分刻薄，不通人情，于是在一周后直接作出《解除合同通知书》，通知鲁喜解除合同，并自此不再支付房租，鲁喜收到该通知后提起诉讼，要求泉水酒店继续履行合同。鲁喜的主张是否能够得到支持？其是否能够要求泉水酒店继续履行该租赁合同？

普法讲堂

《民法典》第533条规定了情势变更制度。所谓情势变更是指合同依法成立后，客观情况发生了无法预见的重大变化，致使原来订立合同的基础丧失或者动摇，如果继续履行则对一方当事人明显不公平，因此允许变更或者解除合同以维持当事人之间的公平。同时，就新冠肺炎疫情对合同履行的影响，根据《最高人民法院关于依法妥善审理涉新冠肺炎疫情民事案件若干问题的指导意见（一）》第3条第2项的规定，因新冠肺炎疫情防控措施导致合同履行困难的，同时继续履行合同会对一方造成明显不公平的，应归于合同订立后客观情况发生重大变化而产生的情势变更。

本案中，当事人之间的房屋租赁合同为长期租赁合同。新冠肺炎疫情的发生，属于双方在订立合同时无法预见的重大变化，但是并不会导致租赁合同完全不能履行，只不过继续履行合同对泉水酒店明显不公平，会使其严重亏本。根据《民法典》第533条与《最高人民法院关于依法妥善审理涉新冠肺炎疫情民事案件若干问题的指导意见（一）》第3条第2项的规定，本案应当适用情势变更规则。同时，因新冠肺炎疫情导致继续履行合同困难，并且会对一方造成明显不公平的，双方当事人可以选择协商后变更合同，如果无法就变更合同达成一致，也有权向法院或者仲裁机构提出解除合同的请求，由人民法院或者仲裁机构审酌判定是否准予。因此泉水酒店不能单方作出解除租赁合同的决定。该行为属于违约行为，应当承担相应的违约责任。

法律链接

《民法典》第533条;《最高人民法院关于依法妥善审理涉新冠肺炎疫情民事案件若干问题的指导意见（一）》第3条

47 商家擅自以次充好欺骗消费者，消费者是否有权要求其赔偿损失？

关键词：惩罚性赔偿　违约责任

张许在商场经销商处定制了3个“索菲亚”牌窗户，总价12000元，并支付了6000元定金。窗户安装好后，张许在查看窗户框架商标时发现安装的窗户并不是原先要求定制的“索菲亚”牌窗户，而是标注“新亮盾”商标的框架窗户。张许顿觉受到欺骗，多次找经销商协商未果后，诉至法院。法院在审理中查明，经销商一开始就打算采取以以次充好的方式更换窗户品牌，经销商表示：“反正顾客也认不出来！”商家这种未征得消费者同意，擅自更换不符合约定要求次等商品的行为，是否应该受到惩罚？消费者应该如何维权？

普法讲堂

本案主要涉及的问题是商家故意以次充好的行为是否构成违约甚至构成欺诈？消费者能否请求惩罚性赔偿？

合同双方应当按照合同的约定履行义务，如果一方当事人擅自改变合同内容，拒绝履行约定的合同义务时，违约方应当承担违约责任。而《民法典》第577条概括规定了违约责任。同时，《消费者权益保护法》第55条第1款规定：“经营者提供商品或者服务有欺诈行为的，应当按照消费者的要求增加赔偿其受到的损失，增加赔偿的金额为消费者购买商品的价款或者接受服务的费用的三倍；增加赔偿的金额不足五百元的，为五百元。法律另有规定的，依照其规定。”

本案中，张许与商家明确约定，要求定制“索菲亚”牌窗户并支付了6000元定金，合同标的即为“索菲亚”牌窗户，然而经销商在未征得张许同意的情况下，擅自将“索菲亚”牌窗户换成了质量明显较差的“新亮盾”牌窗户，这种以次充好的行为直接构成违约。依据《民法典》第577条的规定，张许有权要求经销商承担相应的违约责任。同时，经销商一开始就打算采取以次充好的方式更换窗户品牌，属于欺诈行为，张许可以适用《消费者权益保护法》第55条关于惩罚性赔偿的规定，请求经销商承担购买商品价款的三倍赔偿。

法律链接

《民法典》第577条；《消费者权益保护法》第55条

48 合同中约定的“定金”和“订金”有何不同？

关键词：定金罚则　订金　定金的数额

王刚打算买一架钢琴，方便妻子教女儿学习弹钢琴。他在某琴行看中了一架钢琴，并按照琴行的规定交了3000元定金。可是，妻子得知后却让他赶紧退了。原来，妻子娘家地下室就有一架名牌钢琴，由于没人弹一直闲置着，可以搬过来用于女儿的钢琴学习。王刚来到琴行，说明情况后要求琴行返还3000元定金，琴行却说这笔钱是不能返还的。王刚不服，认为缴纳的是订金，可以退还，但是琴行却拿出了收据，收据上清楚地写明“今收定金3000元”。原来，王刚交付定金的时候并未和琴行仔细就这笔钱的性质进行沟通，他理解的“订金”和收据上写明的“定金”并不是一码事。那么，王刚能要回这笔钱吗？

普法讲堂

本案涉及“定金”和“订金”的区分问题。当事人在订立合同过程中很容易混淆“定金”和“订金”。

所谓“定金”，根据《民法典》第586条的规定可知，当事人可以约定一方向对方给付定金作为债权的担保。此外，《民法典》587条还规定，如果定金的给付方不履行债务，则无权要求返还定金。反之，如果定金的收受方不履行合同，就得双倍返还定金。这样一来，定金的数额如果约定过高，给付方一旦无法履行债务，就会蒙受较大的损失。为此，《民法典》第586条第2款指出定金约定过高或过低都不可取，实务中，法院会最终确定一个合适的数额。而“订金”在法律上没有明文规定，只是一个习惯性用语，仅具有预付款性质，不具有担保合同签订和合同履行的功能。如果消费者一方不想购买商品，作为预付款的“订金”应当退还。

本案中，王刚因为不知道“定金”和“订金”的区别，在商家的引导下，签订了“定金”合同。定金合同属于具有担保功能的合同，根据《民法典》第587条的规定，给付定金的一方当事人如果违约则无法要求返还该笔定金。王刚放弃购买钢琴的行为属于违约行为，因此不能要求琴行返还定金。

法律链接

《民法典》第 586 条、第 587 条

49 出租屋垃圾成山，房东拒收后，闲置一年的损失由谁承担？

关键词：承租人返还租赁物的规定　减损义务

周天与王梦签订《房屋租赁合同》并约定：王梦向周天租赁房屋，租赁期限为二年，年租金 5 万元。后来因王梦计划有变，向周天表示其无法继续履行租赁合同，并请求解除合同，于是双方解除了合同。但是周天去收房的时候发现屋内堆满垃圾，于是要求王梦清理垃圾，并且表示只要房子一天没有恢复原状，就认为王梦在继续租用，就得付钱。周天一直将房屋闲置，等待王梦处理。但是王梦认为，合同中没有约定退房时要恢复原状，并且房屋早就已经腾退，周天放任不管造成的损失与其无关。房屋闲置一年后，周天向法院提起诉讼，要求王梦恢复房屋原状、清理房内垃圾并支付租赁合同解除后一年的占用费 5 万元。周天的主张能否得到支持？王梦又是否应该承担责任呢？

普法讲堂

本案涉及承租人返还租赁物的相关规定以及当事人的减损义务。

《民法典》第 733 条规定，承租人返还租赁物应当符合按照约定或者根据租赁物的性质使用后的状态。根据本条规定，承租人是否应当在返还房屋前进行清扫，原则上取决于租赁合同是否进行了约定。但是在日常生活中，当

事人很少会对此进行明确的约定。同时，根据《民法典》第 733 条的规定可知，即使没有约定，承租人也应当根据租赁物的性质等妥善履行返还义务。因此，无论是否存在明确约定，清理垃圾应当属于承租人应尽的义务，出租人有权要求承租人清理垃圾，赔偿损失，恢复原状。

同时，《民法典》第 591 条规定了减损义务。减损义务是指合同一方当事人违约后，合同相对方应当及时采取措施防止损失产生或进一步扩大，否则无权就扩大的损失要求赔偿。虽然违约损失发生是违约方的违约行为所致，但损失大小与非违约方对自己权利保障或事务管理的疏怠有直接关系。非违约方具备减损条件，且有能力履行减损义务，却放任损失扩大的，扩大的损害结果则不可再行归责于违约方，而应由非违约方承担。

本案中，就王梦而言，租赁结束后将租赁物恢复原状并交付出租人是租赁合同当事人通常应遵守的惯例，如有例外，双方应有专门约定。因为王梦制造了大量的垃圾且拒绝清理现场垃圾属于对租赁合同义务的违反，对租赁物的再次转租和使用均会产生较大影响，应对租金损失承担部分责任。就周天而言，虽然王梦违反合同义务，没有清理出租屋里的大量垃圾，但周天具备减损条件而未履行减损义务，导致房屋长期空置、损失扩大，损失扩大部分应由周天自行承担。最终法院经过多方考量，酌定案涉租赁合同解除后 15 日为垃圾清理的必要及合理时间。周天此后放任租赁物继续空置，导致损失不必要的扩大，其不得要求王梦赔偿扩大部分的损失。最后，法院判决王梦立即清理垃圾，并支付周天 15 日的占有使用费。

法律链接

《民法典》第 591 条、第 733 条

50 在订立买卖合同后，出卖人按时交付了货物，但没有交付相应发票，构成违约吗？

关键词：有关单证和资料的交付

建华公司和平原公司是长期合作伙伴，经常发生业务往来，由前者向后者购买纺织品。但是，最近两家公司却闹得有点不愉快。在一笔订单中，建华公司总计向平原公司购买了价值 38 万元的货物，但是，建华公司仅收到了 21 万元的增值税发票。此后，建华公司多次催要剩余的 17 万元发票，但平原公司总是以各种理由推托，迟迟未开具，由此导致建华公司无法凭票抵扣进项税额，造成了 2.4 万元的应纳税款损失。于是，建华公司向法院提起了诉讼，要求平原公司赔偿损失。

普法讲堂

在现实经济生活中，双方签订合同后，债务人往往负有双重的给付义务，一是“主给付义务”，二是“从给付义务”。所谓“主给付义务”，就是合同关系所固有、必备的，用以决定合同关系类型的基本义务。根据《民法典》第 598 条的规定，在买卖合同中，出卖人应当交付标的物或者交付提取标的物的单证，这就属于典型的“主给付义务”。所谓“从给付义务”，就是指主给付义务之外的其他给付义务，它的主要功能是辅助主给付义务，从而确保债权人的利益能够获得最大限度的满足。根据《民法典》第 599 条的规定，在买卖合同中，出卖人应当按照约定或者交易习惯向买受人交付提取标的物单证以外的“有关单证和资料”，这就属于典型的“从给付义务”。那么，该条规定的“有关单证和资料”究竟包括哪些内容呢？对此，《最高人民法院关于审理买卖合同纠纷案件适用法律问题的解释》第 4 条作出了清晰的列举，即主要应当包括保险单、保修单、普通发票、增值税专用发票、产品合格证、质量保证书、质量鉴定书、品质检验证书、产品进出口检疫书、原产地证明书、使用说明书、装箱单等。

本案中，双方当事人由于“增值税专用发票”的交付而产生纠纷。法院认为，根据《民法典》第 599 条的规定，出卖人有义务向买受人交付增值税发票。平原公司没有完成发票的有效交付，是一种违反“从给付义务”的违约行为，这一行为与建华公司遭受税款损失具有因果关系。因此，建华公司有权要求平原公司承担相应的违约责任。最终，法院支持了建华公司的诉讼请求，判令平原公司赔偿 2.4 万元。

法律链接

《民法典》第 598 条、第 599 条；《最高人民法院关于审理买卖合同纠纷案件适用法律问题的解释》第 4 条

51 经营者在提供商品时有欺诈行为的，消费者可以主张“退一赔三”的惩罚性赔偿吗？

关键词：惩罚性赔偿

范小明在一个文物店闲逛时，在店员的热情推荐下，花费了 1.7 万元购买了一款“翡翠手镯”。商店向其开具了发票，发票载明的商品为“翡翠手镯”。事后，范小明将该手镯拿到地质研究所进行鉴定，但结果令他大吃一惊。鉴定结果显示该手镯为“水钙铝榴石手镯”，而非“翡翠手镯”。范小明十分生气，随即向

12315投诉，但文物店以该鉴定结论不准确为由，要求重新鉴定。在市场监管部门的协调下，范小明同意了重新鉴定的要求，并和文物店店主一同去往珠宝玉石检测中心进行了重新鉴定。该中心的鉴定结果显示该手镯为“石榴石质玉手镯”，与地质研究所的鉴定结果基本一致。范小明认为，文物店将普通的“石榴石质玉手镯”冒充“翡翠手镯”出售，以假充真，对其构成欺诈，遂向法院提起诉讼，请求文物店向其退还货款1.7万元，并赔偿三倍货款5.1万元。

普法讲堂

《民法典》第615条规定：“出卖人应当按照约定的质量要求交付标的物。出卖人提供有关标的物质量说明的，交付的标的物应当符合该说明的质量要求。”根据《民法典》第617条的规定，如果出卖人交付的标的物不符合质量要求，买受人可以依法请求其承担违约责任。此外，考虑到在市场交易中，消费者往往属于弱势群体，为了充分保障消费者的合法权益、严厉打击制假贩假的经营者，《消费者权益保护法》专门规定了相应的“惩罚性赔偿制度”。根据该法第55条第1款的规定，经营者提供商品或者服务有欺诈行为的，应当按照消费者的要求增加赔偿其受到的损失，增加赔偿的金额为消费者“购买商品的价款或者接受服务的费用的三倍”；增加赔偿的金额不足500元的，为500元。这也就是我们通常所说的“退一赔三”。值得注意的是，经营者实施了“欺诈行为”，是消费者主张惩罚性赔偿的核心前提。

那么，何为“欺诈行为”呢？对此，根据《侵害消费者权益行为处罚办法》第5条、第13条和第16条的规定可知，下列行为就属于典型的“欺诈行为”：（1）在销售的商品中掺杂、掺假，以假充真，以次充好，以不合格商品冒充合格商品；（2）销售国家明令淘汰并停止销售的商品；（3）提供商品或者服务中故意使用不合格的计量器具或者破坏计量器具准确度；（4）骗取消费者价款或者费用而不提供或者不按照约定提供商品或者服务等。

本案中，文物店作为经营者在向客户推销一款“石榴石质玉手镯”时，将该手镯的质地虚假描述为“翡翠”，并在发票中对此予以载明，使得范小明误以为该手镯为“翡翠手镯”，从而同意以1.7万元的价格购买该件商品。文物店在销售时声明的商品品质与实际商品的品质存在显著差异，其行为构成了《侵害消费者权益行为处罚办法》第5条第7项中的“以假充真，以次充好”，属于“欺诈行为”。根据《消费者权益保护法》第55条第1款的规定，范小明有权要求文物店退回手镯价款，同时赔偿三倍价款。

法律链接

《民法典》第615条、第617条;《消费者权益保护法》第55条;《侵害消费者权益行为处罚办法》第5条、第13条、第16条

52 出卖人交付的货物不符合质量要求，买受人该怎样维权?

关键词：违约责任

张路和青云公司签订了一份机动车买卖合同，约定由张路向青云公司购买一辆水泥罐装车，价款为38万元。合同签订后，张路按约定支付了货款；青云公司也如期将车辆及有关文件交付给张路，并为其办理了车辆上户。但是，此后不久，在运输过程中，水泥罐就出现了裂纹，明显质量不达标。于是，在协商未果后，张路向法院提起诉讼，请求青云公司更换质量合格的水泥罐，并赔偿其误工营运损失5万元。

普法讲堂

根据《民法典》第 617 条的规定，如果出卖人交付的标的物不符合质量要求，则买受人可以依法请求其承担违约责任。具体而言，一方面，根据《民法典》第 582 条的规定，受损害方根据标的的性质以及损失的大小，可以合理选择请求对方承担“修理”“重作”“更换”“退货”“减少价款或者报酬”等违约责任。另一方面，根据《民法典》第 583 条的规定，在违约方采取补救措施后，如果守约方还有其他损失的，则还应当“赔偿损失”。

本案中，张路根据买卖合同的约定如期支付了货款，充分履行了合同义务。但是，青云公司交付的水泥罐车质量却不合格，导致张路因运营停止而产生了一定的误工损失，故应承担违约责任。最终，法院支持了张路的诉讼请求，判令青云公司既要更换水泥罐，也要赔偿张路在车辆换罐期间的停运损失。

法律链接

《民法典》第 582 条、第 583 条、第 617 条

53 在分期付款买卖合同中，买受人未支付某一期价款，出卖人是否可以直接要求其支付剩余的全部价款？

关键词：分期付款买卖合同

钱坤住在一个老旧小区，小区内没有停车库，平时停车非常不方便。最近，他看到金达公司正在出售停车位，位置离自己家也不远，于是打算购买一个。

经过协商后，他和金达公司签订了一份《商品房买卖合同》，合同约定：钱坤购买由金达公司开发的一套“停车用房”，房款为64000元；交房期限为2022年4月10日前；钱坤采用分期方式（五期）付款，在签订合同时支付首付房款12800元、于2019年6月10日前支付二期房款12800元、于2020年3月10日前支付三期房款12800元、于2021年3月10日前支付四期房款12800元、于2022年3月10日前支付剩余房款12800元。签订合同后，钱坤如约支付了第一期、第二期、第三期房款，但在第四期房款到期后，钱坤却并未支付。2021年3月23日，金达公司向钱坤邮寄了催告函，要求其在3日内交纳第四期购房款。但是，钱坤仍未支付。于是，金达公司诉至法院，请求判令钱坤支付尚未支付的所有购房款25600元。

普法讲堂

在现实生活中，许多消费者在购买商品房、汽车等价格昂贵的商品时，通常难以一次性支付全部价款。为了拉动销量，经营者往往允许消费者采取分期付款的方式购买特定商品。在分期付款买卖合同中，双方当事人一般约定出卖人先向买受人交付标的物，买受人将应付的总价款在一定期限内向出卖人分批次地支付。在合同履行过程中，如果某一期价款到期后，买受人迟迟不支付，那么出卖人可以采取什么救济措施呢？对此，《民法典》第634条专门作出了规定，即当买受人不支付到期价款时，出卖人可以先“催告”其在合理期限内支付；如果买受人仍未支付且欠付价款的数额达到全部价款的“五分之一”，则出卖人可以直接请求买受人“支付全部价款”或者“解除合同”。

本案中，钱坤和金达公司签订了分期付款买卖合同后，如期支付了前三期房款，但并未支付第四期的到期房款，并且经过金达公司的催告，在合理期限内仍未支付。钱坤未支付的到期房款为12800元，达到全部房款（64000元）的五分之一，符合《民法典》第634条规定的请求买受人支付全部价款的条件。因此，金达公司有权请求钱坤支付剩余尚未支付的全部房款（第四期房款 + 第五期房款）共 25600 元。法院对金达公司的诉讼请求予以支持。

法律链接

《民法典》第 634 条

54 在试用买卖中，买受人在试用期限届满时没有作出明确的购买表示，卖家是否可以要求其付款？

关键词：试用买卖

刘铭为了推销自家售卖的净水器，专门发布了一则公示，称客户可以免费试用净水器，在一个月期限内自由决定是否购买。张燕被此吸引，从刘铭处拿了一台价值 3680 元的净水器，回家装上试用。转眼间过了一个月，张燕迟迟没有表态是否购买。刘铭向其催要款项，张燕拒绝支付。直到两个月后，张燕才给刘铭发送微信消息称，该净水器不好用，自己放弃购买，并催刘铭来将净水器拿走。刘铭对此明确拒绝，后与张燕协商不成，向法院提起诉讼，请求张燕支付净水器价款 3680 元。

普法讲堂

所谓“试用买卖”，就是指出卖人和买受人约定，由买受人对标的物进行试用，并由买受人决定是否购买标的物的一类特种买卖。在试用期限内，买受人对是否购买标的物享有选择权：如果其对标的物不满意，可以拒绝购买，将标的物退还；如果其对标的物满意，可以同意购买，则买卖合同生效，买受人应当如约支付价款。但是，在实践中存在一类情形，买受人一直占有使用标的物，但迟迟不表示是否购买，给出卖人造成很大困扰。为了避免当事人之间的法律关系长期处于不稳定的状态，《民法典》第 638 条专门规定，试用期限届满，买受人对是否购买标的物未作表示的，视为购买。本案中，在一个月的试用期限届满后，买受人张燕未作任何表示，法院依法认定此种沉默“视为购买”。据此，买卖合同对双方当事人发生法律效力，张燕不得再以“净水器不好用”为由拒绝购买。最终，法院判令张燕向刘铭支付净水器价款 3680 元。

法律链接

《民法典》第 638 条

55 在签订了一份具有公益或道德义务性质的赠与合同后，赠与人可以因反悔而撤销该合同吗？

关键词：公益赠与

为了帮助贫困儿童接受良好的教育，某地市政府和慈善基金会联合召开了一场以“教育扶贫·爱心助学”为主题的慈善募捐大会。在会上，知名歌星张晓公开承诺捐赠 30 万元，赢得了社会公众的广泛赞誉。但是，此后这位歌星却迟迟没有将认捐的款项落实。慈善基金会多次催促其支付款项，该歌星均以各种理由推托。后来，张晓甚至直接回复“我不捐了，我要撤销赠与”，并且，他还理直气壮地解释称：“根据《民法典》的规定，赠与人在赠与财产的权利转移之前可以撤销赠与，我现在还没有把钱实际捐出去，所以我有权撤销赠与。”然而，真的是这样吗？

普法讲堂

根据《民法典》第658条第1款的规定，在当事人签订赠与合同后，赠与财产的权利还没有转移的，赠与人可以撤销赠与。法律之所以作这样的规定，主要考虑到赠与是一种无偿行为，即便赠与人撤销赠与，通常也不会对受赠人造成损害。但是，如果对这种撤销的任意性不加任何限制，则将会使得赠与合同完全缺乏约束力，甚至违背诚信原则。因此，虽然《民法典》原则上允许赠与人任意撤销赠与，但同时也设置了相应的例外。根据《民法典》第658条第2款的规定，对于"经过公证的赠与合同"或者"依法不得撤销的具有救灾、扶贫、助残等公益、道德义务性质的赠与合同"，赠与人不得任意撤销。

此外，根据《慈善法》第41条第1款的规定，如果捐赠人通过广播、电视、报刊、互联网等媒体公开承诺捐赠的，那么其不得任意撤销；在捐赠人公开承诺捐赠后，如果其逾期未交付捐赠财产，那么慈善组织或者其他接受捐赠的人可以要求其交付；若其拒不交付，则慈善组织和其他接受捐赠的人可以依法向法院申请支付令或者提起诉讼。本案中，歌星张晓在慈善募捐大会上公开承诺捐赠，这是一种典型的"依法不得撤销的公益性赠与"。在张晓不交付30万元赠与财产的情况下，慈善组织有权依法请求其交付。

法律链接

《民法典》第658条；《慈善法》第41条

56 父母将房产赠与子女后，子女不履行赡养义务，父母可以撤销赠与吗？

关键词：赠与的法定撤销

杨辉共有三女二子，其中，杨亮是长子，一直以来深得杨辉喜爱。杨辉的住宅因拆迁被置换为某小区房屋。第二年，杨辉便将置换后的房屋产权人变更为杨亮。春节期间，在杨辉在场的情形下，杨亮和其他兄弟姐妹达成了《赡养父母的子女协议》，约定：杨辉与杨亮共同生活，杨亮负责其日常的生活起居。协议签订后，杨辉开始与杨亮共同生活。但是，仅仅在两年后的一天上午，杨亮因与其他兄弟姐妹发生矛盾，便无情地要求杨辉搬出其住所。杨辉被迫搬出后，越想越感到无比心寒，于是向法院提起诉讼，请求判令撤销自己对杨亮的房屋赠与。

普法讲堂

赠与是一种使受赠人获益的行为，受赠人本应有所感恩。如果受赠人非但不知感恩，反而对赠与人实施忘恩负义的行为，那么赠与人便有权撤销赠与。这样既符合法律的公平原则，也有利于弘扬社会主义核心价值观。《民法典》第663条第1款就专门规定了赠与的法定撤销情形，即“受赠人有下列情形之一的，赠与人可以撤销赠与：（一）严重侵害赠与人或者赠与人近亲属的合法权益；（二）对赠与人有扶养义务而不履行；（三）不履行赠与合同约定的义务”。只要受赠人存在以上情形，不论赠与财产是否发生权利转移、赠与合同是否经过公证，也不论赠与是否具有公益或者道德义务性质，赠与人均有权撤销赠与。《民法典》第 663 条第 2 款规定："赠与人的撤销权，自知道或者应当知道撤销事由之日起一年内行使。"

赡养老人是中华民族的传统美德和子女的一项法定义务。本案中，杨辉将房屋产权人变更为杨亮，是杨辉将房产赠与杨亮的结果。《赡养父母的子女协议》中虽然没有明确涉及该房产，但其中约定，由杨亮负责杨辉的生活起居。杨亮作为杨辉的儿子，本应依照法律、道德和自己的承诺，对杨辉进行照料供养，却因轻微家庭矛盾，便要求老人搬出住所，拒绝履行赡养义务。杨亮的行为已经符合撤销赠与的法定情形。据此，法院最终支持了杨辉的诉讼请求，判决撤销杨辉对杨亮的房产赠与。本案判决保障了老年人的合法利益，给违背承诺、不履行赡养义务的子女以警示，有力弘扬了社会主义核心价值观。

法律链接

《民法典》第 663 条

57 "套路贷""校园贷"等高利放贷行为受法律保护吗？

关键词：套路贷　校园贷

姚征原本是一家通信公司的高校业务员，在开展业务的过程中，他通过审查个人资料、家庭信息等，掌握了一批有借款需求的在校大学生资源。此后，为了谋取高额收益，姚征纠集多人合作，开展了专门针对在校大学生的"无抵押高息短期借款业务"。某天，在朋友的配合下，姚征组织了一场饭局，邀请了许多大学生。在饭局中，姚征以"学长""过来人"的身份，劝大家要"趁年轻，多享乐”，并主动称自己愿意提供借款，帮助大家解决经济窘迫的问题。如其所愿，郑超、刘净等20名大学生“上钩”。姚征使用这些学生提供的身份证，在贷款网络平台上给每个人办理了15000元的贷款，总额达30万元。平台在对每笔贷款扣除3000元的保证金后，将剩余款项发放到了每位贷款学生的账户中。高额的“利滚利”使学生不堪重负，针对无法如期还款的学生，姚征往往通过多种方式催要借款，例如，在网络散布借款人的各类谣言、公开借款人亲友的各种隐私信息等，给借款人带来了巨大的精神压力。此后，姚征还进一步向法院提起诉讼，请求判令郑超等人偿还借款、利息及相应罚息。在审理过程中，法院认为，姚征的行为涉嫌犯罪，故依法裁定驳回姚征的起诉，并将有关材料移送到公安机关处理。

普法讲堂

合法的借贷关系受到法律保护。但是，近年来，社会上出现大量非法金融、非法放贷，“套路贷”“校园贷”等问题，严重扰乱了社会经济秩序，损害了人民群众的合法权益和生活安宁。为了解决民间借贷领域存在的突出问题，维护正常金融秩序，《民法典》第680条第1款明确规定：“禁止高利放贷，借款的利率不得违反国家有关规定。”那么，何种贷款利率属于“高利”呢？根据《最高人民法院关于审理民间借贷案件适用法律若干问题的规定》第25条的规定，如果借贷双方“约定的利率超过合同成立时一年期贷款市场报价利率四倍”，则这种利率就属于“高利”，法律对高利贷不予保护。这里所说的“一年期贷款市场报价利率”，是指中国人民银行授权全国银行间同业拆借中心自2019年8月20日起每月发布的一年期贷款市场报价利率。以2022年1月20日发布的公告为例，一年期贷款市场报价利率为3.7%。通过计算可得，该利率的四倍为14.8%。这也就意味着，借贷双方约定的年利率不得超过14.8%，如果超过了这一界限，则法律对于超过的利息部分不予保护。

法律链接

《民法典》第 680 条;《最高人民法院关于审理民间借贷案件适用法律若干问题的规定》第 25 条

58 基于情感因素为对方“打欠条”，但并未发生借款事实，对方能以“欠条”为由主张还款吗？

关键词：欠条

朱明与武琪本来是恋人关系，后来两人关系破裂，朱明提出分手，但武琪不同意。经过多次协商，双方最终达成口头协议，即两人和平分手，但朱明需要向武琪支付一笔 30 万元的“分手费”。为了履行此项承诺，一方面，朱明当场通过微信向武琪转了 1 万元现金；另一方面，朱明又出具了一张“欠条”，约定朱明尚欠武琪 29 万元。此后，武琪多次向朱明索要剩余的 29 万元“分手费”，均被朱明拒绝。屡屡碰壁后，武琪向法院提起诉讼，要求朱明还款。法院经审理认为，武琪主张借款的唯一直接证据是朱明书写的欠条，但该欠条形成于双方恋爱关系存续期间，并不能直接证明该借条系因借款行为产生。法院最终认定武琪的诉讼请求依据不充分，依法不予支持。

普法讲堂

在现实生活中，恋人之间出现情感纠纷后，一方可能以出具“欠条”的方式承诺向另一方给付“青春费”“分手费”“补偿费”等。如果事后双方因“还款”事宜发生纠纷，“欠条”中载明的债权人提起诉讼，则人民法院应当根据当事人之间的关系、借款金额、出借人的经济能力、交付方式、交易习惯以及当事人的陈述等相关证据，综合判断借款事实是否发生。《民法典》第679条规定：“自然人之间的借款合同，自贷款人提供借款时成立。”据此，如果原告不能提供证据证明存在借款的交付事实，则人民法院应当认定借款合同不成立，原告无权要求对方还款。

法律链接

《民法典》第679条

59 自然人在借款合同中对利息没有约定，当还款期限届满时，贷款人可以要求借款人支付利息吗？

关键词：利息

张硕向马强借款36500元，并向马强出具了一张借条。借条中对还款期限、利息均没有约定。此后，经马强催要，张硕在第二年年底归还了20000元，剩余16500元未予归还。此后，马强要求张硕归还16500元本金，并按照月利率5.125‰的标准支付相应利息，被张硕拒绝。于是，马强向法院提起诉讼，请求判令张硕归还本金并支付利息。

普法讲堂

实践中，当事人在订立借款合同时，可能基于各种各样的原因，没有约定利息或者对利息约定不明。当还款期限届满时，当事人之间往往围绕“是否支付利息”“支付多少利息”而产生纠纷。对此,《民法典》第 680 条明确规定，对于自然人之间的借款合同而言，无论其对支付利息“没有约定”还是“约定不明确”，均“视为没有利息”。本案中，马强和张硕之间订立的借款合同属于自然人之间的借款合同，合同没有约定利息，马强也没有提供证据证明双方曾就借款利息达成约定，因此，法院最终仅判令张硕向马强归还 16500 元本金；至于马强提出的支付利息的诉讼请求，法院则未予支持。

法律链接

《民法典》第 680 条

60

朋友向他人借钱时，自己答应作保证人，债务到期后朋友还不上钱，自己需要承担何种责任？

关键词：保证方式

某日，乔琛急需用钱，于是找到手头宽裕的王钰，请求借款 52000 元。王钰考察了一下乔琛目前的贫困现状，说：“兄弟，你如果不找人担保，我这钱不方便借啊。”无奈之下，乔琛找到好朋友刘强求助，刘强迫于面子，答应了下来。经过一番协商后，王钰将钱借给了乔琛。与此同时，乔琛出具了一张借条，借条载明：“出借人王钰、借款人乔琛、保证人刘强；借款人乔琛于 2021 年 2 月 5 日向出借人王钰借款人民币 52000 元，借款期限为 4 个月，借款利息为月利率 1%。签订借条之日，视为借款人已收到上述借款。出借人为实现债权而产生的所有费用均由借款人承担。”王钰、乔琛、刘强均在借条上签字并捺印。还款期限届满后，王钰多次催要，乔琛、刘强均以各种理由拒绝。于是，王钰向法院提起诉讼，请求判令乔琛偿还借款 52000 元本金及相应利息，并由刘强对上述款项承担连带偿还责任。

普法讲堂

保证的方式分为两种："一般保证"和"连带责任保证"。在"一般保证"中，当债务人不履行到期债务时，债权人必须首先通过诉讼或仲裁的方式要求其履行债务，只有在债权实现不了的情况下，债权人才能要求保证人承担责任；而在"连带责任保证"中，当债务人不履行到期债务时，债权人既可以直接要求债务人履行债务，也可以直接要求保证人承担保证责任。对比这两种保证方式，显然"连带责任保证"下保证人的责任更重。问题在于：如果当事人在保证合同中对保证方式没有约定或者约定不明确，那么保证人应当按照何种保证方式承担责任呢？

对此，《民法典》第 686 条第 2 款给出了明确答案，即"按照一般保证承担保证责任"。之所以这样规定，主要原因在于：第一，在民间借贷中，很多当事人是出于人情关系为他人的借款提供保证，其真实意愿往往是提供"一般保证"。在此情形下，如果推定保证人承担连带责任，不仅会违反当事人的合理预期，不当加重保证人的负担，还容易引发更多的追偿纠纷，不利于维护社会稳定。第二，连带责任是一种加重责任，对保证人的利益损害较大，原则上应当由当事人明确约定；若没有约定或者约定不明确，在没有足够正当充分理由的情况下，法律不宜推定为连带责任保证，否则对保证人不公平。第三，保证合同具有无偿性，而保证人承担保证责任则意味着他需要以自己的财产代替债务人偿付债务。考虑到保证人承担的巨大风险，法律更不宜使其负担过重责任。

本案中，当事人之间订立的借款合同合法有效，乔琛未按约定还款付息，应当承担违约责任。刘强在借条中的“保证人”处签名捺印，能够证明保证合同依法成立。合同并未约定具体的保证方式，根据《民法典》第686条的规定，刘强应当承担一般保证责任，而非原告王钰主张的连带责任。法院最终并未完全支持王钰的诉讼请求，而是一方面判令乔琛向王钰偿还借款52000元及利息，另一方面判令刘强在乔琛经依法强制执行仍不能履行债务时，才对上述欠款本息承担保证责任。

法律链接

《民法典》第686条

61

在房屋租赁期间，承租人擅自拆改、扩建，出租人可以解除合同吗？

关键词：拆改　扩建

长虹公司（甲方）与山泉公司（乙方）签订了一份为期多年的房屋租赁合同，约定由乙方租赁该幢房屋，用作酒店经营。在租赁期间，山泉公司为了进一步招揽顾客、拓展经营规模，在未通知长虹公司的情况下，擅自对该幢房屋进行了大幅度的拆改、扩建，具体包括：一楼正立面新开8个大门、消防楼梯被擅自拆除、东西两侧架空层被封堵出租、全部中央空调及原水疗中心的消防设施被拆除、一楼全部设施被拆除并分隔成多间铺面出租、在南侧消防通道上搭建永久性建筑物等。长虹公司得知这个消息后，向山泉公司寄送了一封告知函，要求其在30日内将拆改及扩建的部分进行修复，否则将解除租赁合同。但是，山泉公司对此未予理睬。长虹公司只能向山泉公司发出《关于解除租赁合同的通知》，后者收到该通知书，但仍未理睬。此后，长虹公司诉至法院，请求确认合同解除，并判令山泉公司向其返还房屋并恢复原状，以及赔偿损失 47.5 万元。

普法讲堂

根据《民法典》第 709 条的规定，在租赁合同中，“承租人应当按照约定的方法使用租赁物”。如果当事人对“租赁物的使用方法”没有约定或者约定不明确，可以协议补充；不能达成补充协议的，应当按照合同相关条款或者交易习惯确定；如果仍然不能确定，则承租人应当“根据租赁物的性质”使用。但是，如果承租人违反了此种义务，出租人可以采取何种救济措施呢？对此，《民法典》第 711 条作了进一步规定，若承租人“未按照约定的方法”或者“未根据租赁物的性质”使用租赁物，致使租赁物受到损失的，出租人可以解除合同并请求赔偿损失。

在现实生活中，很多房屋承租人在订立租赁合同后，未经出租人同意就擅自对房屋进行拆改、扩建，由此引发了很多纠纷。对此，《最高人民法院关于审理城镇房屋租赁合同纠纷案件具体应用法律若干问题的解释》第 6 条专门规定，承租人擅自变动房屋建筑主体和承重结构或者扩建，在出租人要求的合理期限内仍不予恢复原状，出租人请求解除合同并要求赔偿损失的，法院依照《民法典》第 711 条的规定处理。其中，该条中所称的“房屋建筑主体”和“承重结构”，是指由若干构件连接而成的、能承受作用的平面或空间体系，它们是建筑物工程的重要部分，若对其进行随意变动，例如拆除隔墙，必然会严重损害房屋质量，同时对人身和财产安全构成威胁。

本案中，山泉公司作为承租人，未经出租人同意擅自将一楼分隔成多间铺面，并在正立面新开 8 个大门，严重改变了作为建筑实体的墙体结构，依法可以认定为变动涉案房屋“建筑主体”的行为。在出租人长虹公司发出要求恢复原状的通知后，山泉公司仍然未予整改，长虹公司解除合同具有事实和法律依据。最终，法院判决确认双方签订的租赁合同解除，同时判令山泉公司将涉案房屋恢复原状并返还给长虹公司，且自收到解除合同通知之日起至腾退房屋之日止支付相应的占有使用费。

法律链接

《民法典》第 709 条、第 711 条;《最高人民法院关于审理城镇房屋租赁合同纠纷案件具体应用法律若干问题的解释》第 6 条

62 在租赁期间，承租人可以将租赁物转租给他人吗？

关键词：转租

2019 年 5 月 2 日，叶清（甲方）与朱力（乙方）签订了一份《房地产租赁协议》，约定叶清将一套房屋出租给朱力，租赁期限为 2019 年 6 月 3 日至 2024 年 6 月 2 日。此后不久，伴随着房价的持续上涨，朱力巧妙地窥探到了一个“商机”。于是，他未经叶清同意，便擅自以高价将该房屋转租给了别人。但是，还没等到第三人正式入住，这件事情就被叶清发现了。得知此事的叶清非常生气，于 2021 年 4 月 27 日向朱力发送了《解除租赁合同通知书》，要求解除《房地产租赁协议》。朱力于 2021 年 4 月 28 日收到通知，但对该解除行为的效力持有异议。双方对合同解除事宜协商无果，于是，叶清向法院提起了诉讼，请求确认其与朱力签订的《房地产租赁协议》已经解除，并要求

朱力搬离涉案房屋，将涉案房屋返还给自己。

普法讲堂

所谓“转租”，就是指承租人在租赁期间将租赁物交付给他人使用、收益，第三人向承租人支付租金的行为。根据《民法典》第716条的规定，承租人将租赁物转租给第三人的，应当经过出租人的同意。这种“同意”既可以是“事前的同意”，也可以是“事后的同意”。具体来说，一方面，出租人和承租人订立租赁合同时，可以在合同中明确约定承租人可以转租；另一方面，如果当事人事先没有作此种约定，但承租人在租赁期间内取得出租人同意的，也可以进行转租。此外，还有一种特殊情形，虽然出租人没有明确作出表示，但是法律视为其同意转租，即根据《民法典》第718条的规定，如果出租人知道或者应当知道承租人转租，但“在六个月内未提出异议”，就“视为出租人同意转租”。

从法律效果来看，当承租人合法转租后，在同一个租赁物上形成了两个租赁合同：其一，承租人与出租人之间原有的租赁合同继续有效；其二，承租人与次承租人之间的租赁合同也有效存在。在转租期间，如果第三人造成租赁物损失，则承租人应当向出租人赔偿损失。

如果承租人未经出租人同意，擅自将租赁物转租给第三人，那么这种行为显然严重破坏了出租人的信赖，有违诚信原则，根据《民法典》第716条第2款的规定，在此情形下，出租人有权“解除合同”。本案中，朱力未经叶清同意，擅自将涉案房屋转租，叶清有权解除《房地产租赁协议》，合同解除日期为朱力收到《解除租赁合同通知书》之日。《房地产租赁协议》解除后，朱力继续占用涉案房屋没有依据，应当搬离。最终，法院判决确认叶清与朱力签订的《房地产租赁协议》于2021年4月28日解除，并判令朱力应于判决生效之日起十日内从涉案房屋搬离，并将上述房屋返还给叶清。

法律链接

《民法典》第 716 条、第 718 条

63 租赁物存在质量瑕疵，危及人身安全，承租人是否可以随时要求解除租赁合同？

关键词：租赁物质量瑕疵担保责任

张华和李明签订了一份《租房协议》，约定李明将一套营业房出租给张华。在协议订立时，李明告知张华，房屋年限较长，存在外墙渗水现象，并建议张华在外墙搭建一个遮阳棚。经过洽谈，双方最终达成协议，约定租赁期限为二年，自 2020 年 4 月 8 日起至 2022 年 4 月 7 日止，租金为每年 5 万元。张华如约向李明支付了二年的房屋租金 10 万元。在租赁期间，张华搭建了遮阳棚，但发现这对解决房屋渗水问题根本没有帮助。此后，张华多次通知李明维修，李明也每次都安排工人进行维修，但仍然未能杜绝渗水现象。久而久之，张华难以忍受，于 2021 年 2 月 26 日向李明发出律师函，称因房屋出现严重渗漏问题，存在影响承租人生命、财产安全的隐患，遂决定解除双方之间的租赁合同，并要求李明于 2021 年 4 月 7 日前接收房屋并退还多余的租金。李明于 2021 年 3 月 1 日收到该律师函。2021 年 4 月 5 日，张华从租赁房屋搬出。此后，双方因合同解除及租金退还事宜发生纠纷，张华诉至法院，请求判令李明向自己退还最后一年（自 2021 年 4 月 8 日至 2022 年 4 月 7 日）的房屋租金 5 万元。

普法讲堂

在现实生活的租赁关系中，尤其是房屋租赁中，时常存在房屋漏水、通风不畅，甚至出现裂缝、甲醛超标等现象。如果租赁物只是存在一些轻微的质量瑕疵，经过简单维修即可正常使用，则租赁合同当事人通常可以通过协商有效解决纠纷。但是，如果租赁物存在“危及承租人的安全或者健康”的严重质量瑕疵，则根据《民法典》第731条的规定，承租人有权随时解除合同。由于这种瑕疵涉及重要的人身权益，即使承租人订立合同时明知该租赁物质量不合格，也不妨碍承租人行使解除权。

本案中，案涉房屋存在严重的渗水问题，且经多次维修仍无法杜绝，法院曾组织双方至现场查看，发现多个房间墙面存在大面积的剥落、发霉情况，对承租人张华的身体健康存在明显威胁。虽然张华在订立合同时明知房屋存在渗水问题，但并不影响其享有解除合同的权利。据此，法院对张华解除合同的意思表示效力予以确认，并认定双方之间的租赁合同于2021年3月1日（通知到达李明的时间）解除。合同既已解除，张华要求李明退还已支付但并未实际发生的2021年4月8日至2022年4月7日的租金，即属合理。最终，法院判令李明于判决生效之日起十日内接收案涉房屋，并向张华返还租金5万元。

法律链接

《民法典》第731条

64 旅客的"霸座"行为会受到什么处罚?

关键词:霸座

2021年4月29日,在一辆由青岛开往成都的火车上,一名旅客霸占他人座席,拒不让座,态度蛮横,严重影响了列车秩序。乘务员反复对其劝说,但该旅客仍拒不改正,并叫嚣"我就不站起来,你们能把我怎么着"。无奈之下,乘务员将此事向乘警汇报。当列车到达中途的徐州站后,乘警将该名"霸座"的旅客移交至徐州站派出所处理。最终,该名旅客被铁路警方处以行政拘留七日的处罚。

普法讲堂

近年来,在公共交通工具运输过程中,旅客"霸座"的现象频频见诸报道,引发社会各界的广泛关注。针对此种现象,《民法典》专门作出了回应,第815条第1款第1句规定:"旅客应当按照有效客票记载的时间、班次和座位号乘坐。"这意味着,那些无理占据他人座位的"霸座"行为,不仅仅违反了公共道德,还构成了对于运输合同义务的违反,应当承担相应的违约责任。如果该种"霸座"行为扰乱了公共交通工具上的秩序,根据《治安管理处罚法》第23条第1款的规定,霸座者还应当承担相应的行政责任,"处警告或者二百元以下罚款";情节较重的,则"处五日以上十日以下拘留,可以并处五百元以下罚款"。

法律链接

《民法典》第815条;《治安管理处罚法》第23条

65 在运输过程中，如果乘客突发急病，承运人有救助义务吗?

关键词：承运人的救助义务

一天晚上10点左右，周佳乘坐一辆出租车前往市区某地。在乘车期间，周佳突然癫痫病发作，强直阵挛2分钟左右后，进入了昏睡状态。在车辆到达目的地后，周佳仍然神志不清，没有自行开门下车的能力。出租车司机虽然目睹了周佳的异常反应，但并未在意，而是在目的地将其拖下汽车，放在路边，自行驾车离去。1小时左右后，周佳逐渐恢复意识，但因感染风寒而身体不适，且钱包丢失。于是，倍感酸楚的周佳向法院提起了诉讼，请求判令出租汽车公司对自己的身体损害及经济损失承担赔偿责任。

普法讲堂

当自然人的生命权、身体权、健康权受到侵害或者处于其他危难情形时，其他主体有救助的义务吗？从道德层面来看，任何有能力救助的主体都应当尽可能伸出援手，传递温暖，促进社会共同体的互助奉献；从法律层面来看，根据《民法典》第1005条的规定，“负有法定救助义务的组织或者个人应当及时施救”。换言之，道德义务与法律义务的强度有所不同。那么，哪些组织或个人具有“法定救助义务”呢？对此，我国许多法律作出了明确规定。例如，根据《医师法》第27条第1款的规定，医师对需要紧急救治的患者应当采取紧急措施进行诊治，不得拒绝急救处置；根据《海商法》第174条的规定，船长在不严重危及本船和船上人员安全的情况下，有义务尽力救助海上人命；根据《道路交通安全法》第 70 条第 1 款的规定，在道路上发生交通事故，造成人身伤亡的，车辆驾驶人应当立即抢救受伤人员。

除了其他法律的特别规范之外，《民法典》对一些具体的法定救助义务也有所规定。其中，承运人的救助义务便是一种典型体现。根据《民法典》第 822 条的规定，“承运人在运输过程中，应当尽力救助患有急病、分娩、遇险的旅客。”这种救助义务是承运人在运输过程中所应承担的法定义务，如果违反了此种义务，则其应当承担相应的法律责任。需要注意的是，承运人负担的并不是“必须救助成功”的义务，而是一种“尽力救助”的义务。所谓“尽力”，就是指承运人尽到自己最大的努力，采取各种合理措施，以帮助照顾旅客或者对旅客进行救援等。如果救助事项超出了承运人的最大能力范围，承运人一般可以主张免责。

本案中，周佳乘坐出租车，即与出租汽车公司建立了客运合同关系。出租汽车公司作为承运人，应当严格履行安全运输义务，保障旅客平安到达目的地。旅客周佳在乘车期间突发急病，出租车司机作为承运人的工作人员，本应尽力救助，但其不仅没有履行法定的救助义务，反而将昏睡中的周佳弃于路旁，使其处于危险状态下。该行为给周佳的身体及财产均造成损害，侵犯了其作为旅客应当享有的合法权利，承运人应当依法承担赔偿责任。最终，法院判令出租汽车公司向周佳赔偿 1 万元。

法律链接

《民法典》第 822 条、第 1005 条;《医师法》第 27 条;《海商法》第 174 条;《道路交通安全法》第 70 条

66

如果货物在运输途中丢失，托运人能否要求全额赔偿？

关键词：格式条款

吴胜经营一家鞋厂，主要做批发销售业务。根据网络订单的需求，吴胜委托一家物流公司运输3袋皮鞋。吴胜支付托运费后，物流公司开具了《物流货物托运单》，载明“发货人吴胜”。托运单背面印有《运输协议》，其中第三条为“保价运输与赔偿”，该条声明：“1. 保价采取自愿投保原则，由托运人自行选定；2. 如遇货物毁损、灭失，有声明价值并已办理保价运输手续的，按实际损失赔偿，赔偿额最高不超过声明价值，未办理保价运输手续的货物损失赔偿额不高于货物单件运输价格的20倍。”当日下午，物流公司将3袋货物交付司机运输。但是，到达收货地时，收货人却只提到了2袋货物。物流公司员工多方寻找后，确认在运输过程中丢失了1袋货物（274双鞋），丢失原因不明。事后，双方协商赔偿事宜，吴胜要求物流公司赔偿自己的实际损失2.1万元，但物流公司以吴胜未办理保价手续为由，拒绝了此项请求。多次协商无果后，吴胜向法院提起了诉讼。

普法讲堂

随着网络购物的普及，快递越来越成为人们日常生活中必不可少的一部分。物流公司为了减轻自身的责任，常常在运单背面注明相应的“保价条款”。这类保价条款是一种典型的“格式条款”，它的核心意义在于，对运输过程中货物毁损、灭失的赔偿责任问题进行事先约定。该类条款通常约定，如果托运人办理了保价手续，则物流公司将按照货物的实际损失进行赔偿，但不超过声明价值；如果托运人没有办理保价手续，物流公司则只能在一个比较低的限额内进行赔偿。虽然这类保价条款会在快递运单上加以注明，但是基于其格式条款的性质，其并不当然成为合同的一部分并对托运人产生法律约束力。因为保价条款明显减轻了物流公司的责任，此条款与托运人具有重大利害关系，所以，在订立运输合同时，物流公司应当按照《民法典》第 496 条的规定，采取合理的方式提示对方注意此类条款，按照对方的要求，对该条款予以说明；如果其未履行提示或者说明义务，致使对方没有注意或者理解此类条款的，则对方可以主张该条款不成为合同的内容。此外，如果保价条款符合《民法典》第 497 条规定的情形之一的（例如，“排除对方主要权利”），则该条款无效。在此类情形下，即便托运人没有办理保价手续，仍然可以根据《民法典》第 832 条的规定，要求承运人对运输过程中货物的毁损、灭失承担赔偿责任。当然，如果承运人能够证明货物的毁损、灭失是因“不可抗力”“货物本身的自然性质或者合理损耗”以及“托运人、收货人的过错”造成的，则不需要承担赔偿责任。

本案中，吴胜将货物交由物流公司运输，双方成立了货物运输合同关系。吴胜作为托运人如约支付了托运费，物流公司作为承运人有义务将货物安全送至目的地，并交付提货人。虽然托运单背面的《运输协议》注明了不办理保价手续的货物损失的最高赔偿限额，但该条款属于减轻承运人责任、限制托运人主要权利的免责格式条款。而物流公司并未提供证据证明其尽到了必要的提示说明义务，因此，吴胜有权主张保价条款不成为运输合同的内容。现物流公司在运输过程中将吴胜的货物丢失，并且至今无法查明丢失货物的原因，不能证明其已尽到运输管理义务，具有重大过失。因此，物流公司应按吴胜托运货物的实际价值予以赔偿。

法律链接

《民法典》第 496 条、第 497 条、第 832 条

67 消费者将物品存入超市的自助寄存柜后，物品却意外丢失，超市应当承担赔偿责任吗？

关键词：保管合同

刘程程在进入超市前，看到超市门口设置的自助寄存柜，于是将其刚从银行取出的 1 万元人民币存入柜中。购物结束后，刘程程持密码条打开柜子，却发现里面空空如也。经超市安保人员查验，该寄存柜有被撬动的痕迹，刘程程随即报警。但是，由于超市未在寄存处安装监控，警察最终未能破案。刘程程认为，其将自己的财物存入超市设置的自助寄存柜内，就与超市形成了一种保管合同关系，超市因保管不善造成自己的财物丢失，应当承担赔偿责任。超市一方则认为，刘程程只是使用自助寄存柜实现对自己物品的控制和占有，而超市由于没有收到其交付的物品，也就无法履行保管职责；换言之，双方当事人之间并未形成保管合同关系，而是借用合同关系。双方各执一词，在多次交涉未果后，刘程程向法院提起了诉讼。

普法讲堂

在现实生活中，超市、车站、酒店等公共场所普遍设置了供人们存放车辆或其他物品的特定场所，例如停车场、自助寄存柜等。人们在从事购物、就餐等活动的时候，为了方便起见，通常会选择把相应物品存放在以上场所。

在这类场合中，超市等主体和寄存人往往没有达成书面或口头合同，那么双方之间存在何种法律关系呢？根据《民法典》第 888 条第 2 款的规定，“寄存人到保管人处从事购物、就餐、住宿等活动，将物品存放在指定场所的，视为保管，但是当事人另有约定或者另有交易习惯的除外”。如果保管人因故意或重大过失造成保管物毁损、灭失的，无论是有偿保管还是无偿保管，根据《民法典》第 897 条的规定，保管人均应当承担赔偿责任。不过，这种责任也应有所限度。如果寄存人寄存的是货币等贵重物品，但并未事先声明，则保管人对于保管风险及赔偿责任难以产生相应的预期，若让其承担高额的赔偿责任，显然并不公平。因此，《民法典》第 898 条专门规定，寄存人如果“寄存货币、有价证券或者其他贵重物品的，应当向保管人声明，由保管人验收或者封存”；“寄存人未声明的，该物品毁损、灭失后，保管人可以按照一般物品予以赔偿”。

本案中，刘程程到超市从事购物活动，将物品存在自助寄存柜中，根据《民法典》第 888 条第 2 款的规定，双方之间形成保管合同关系，超市有妥善保管寄存物品的义务。但事实上，超市提供的自助寄存柜被轻易撬开，说明该柜子存在质量瑕疵；且超市在寄存区域未安装监控，导致犯罪嫌疑人难以查获、丢失物品难以追回。显然，对于刘程程的财物损失，超市存在重大过失，依法应当承担赔偿责任。不过，由于刘程程寄存的物品是货币，根据《民法典》第 898 条的规定，其应当在寄存时履行声明义务。因其并未声明，作为保管人的超市可以仅按照一般物品予以赔偿。最终，法院酌定判令超市赔偿刘程程 1000 元。

法律链接

《民法典》第 888 条、第 897 条、第 898 条

68 小区道路积水导致业主的车辆受损，损失由谁承担？

关键词：物业服务人的主要义务

刘东是清风小区的一名业主。在一个雨天的下午，刘东开车刚进入大门，在途经一栋住宅楼时，便因道路积水而导致发动机涉水后熄火。此后，因维修发动机，刘东花费了2万元。刘东认为，正是由于物业公司的严重失职，才使得自己遭受财产损失：一方面，物业公司在下雨前没有对排水管网进行维护，导致雨天管网不通，造成道路积水；另一方面，物业公司既没有在积水地点设置障碍装置、警戒线等设施，也没有安排人进行口头提醒。因此，物业公司应当全额赔偿自己的2万元损失。但是，物业公司认为，刘东的车损是由于暴雨天气导致，与自己无关。双方就赔偿事宜多次协商无果，无奈之下，刘东向法院提起诉讼。

普法讲堂

根据《民法典》第942条的规定，物业服务人应当按照约定和物业的使用性质，为业主提供物业服务。服务的具体内容包括：对业主的共有部分进行妥善维修、养护、清洁、绿化和经营管理，维护物业服务区域内的基本秩序，采取合理措施保护业主的人身、财产安全等。如果物业服务人没有尽到上述义务，导致业主的人身、财产安全受到侵害，则物业服务人应当承担相应的违约责任。

本案中，物业公司本应对可能发生的灾情进行一定预判，并尽力采取相关措施，防范灾情的发生。但是，其并未对排水管网进行事先维修，并且在事故发生路段已经严重积水时，也未采取任何提示手段，明显未尽到应尽的法定义务。同时，刘东明知这一路段存有积水，本可绕道而行，但仍然涉水通过，对于车辆毁损的产生也存在过失。根据《民法典》第 592 条的规定，虽然物业服务人的违约行为给业主刘东造成损失，但刘东对损失的发生也有过错，可以减少相应的损失赔偿额。综合考虑之下，法院最终认定双方各承担 50% 的责任，判令物业公司向刘东赔偿车辆维修费 1 万元。

法律链接

《民法典》第 592 条、第 942 条

69 物业服务合同终止后，物业公司需要履行什么义务?

关键词：物业服务合同终止

天堂公司是一家在当地口碑较好的物业公司，考虑到这个原因，幸福小区和天堂公司签订了为期数年的物业服务合同。长期以来，物业工作人员兢兢业业，令业主非常满意。但是，近日诸多业主反映，物业工作人员的服务态度越来越差，对许多需要维修的破旧设施、应当清理的废弃杂物置之不理；而且，面对业主的多次反馈，物业公司的负责人均敷衍了事，不认真解决。于是，小区业主大会作出了合同到期后“不同意续聘天堂公司”的决定，并将其在小区公示，且向当地街道物管办理备案。随后，幸福小区业主委员会向天堂公司发函，将业主大会决议的结果告知了天堂公司，并通知其物业服务的最后期限。但是，天堂公司对此并不认可，拒绝撤出小区。双方为此发生纠纷，幸福小区业主委员会诉至法院，法院判令天堂公司撤出小区并移交物业管理权。但实际

上，该公司并未履行该生效裁判文书确定的义务。无奈之下，幸福小区业主委员会向法院申请执行。最终，天堂公司于半年后才实际撤出小区。

在合同到期至实际撤出期间，天堂公司继续留用了一部分工作人员在幸福小区，并且实际提供了一定的物业服务。董晶晶是小区的一名业主，自物业服务合同到期后，她就没有再向天堂公司缴纳过物业费。天堂公司多次催要未果，于是诉至法院，请求判令董晶晶支付拖欠的1400元物业费。

普法讲堂

在现实生活中，有的物业服务合同终止后，原物业服务人以种种理由拒绝退出和办理交接，不仅影响了物业服务质量，还导致社区原本的和谐秩序受到严重损害。针对此类问题，《民法典》第949条明确规定，物业服务合同终止的，原物业服务人应当在约定期限或者合理期限内退出物业服务区域，配合新物业服务人做好相关交接工作；如果原物业服务人违反了上述义务，那么不得请求业主支付物业服务合同终止后的物业费；如果给业主造成了损失，还应当赔偿损失。

本案中，幸福小区依法作出合同到期后“不同意续聘天堂公司”的决定，并将该决定发函告知天堂公司。天堂公司本应按时退出幸福小区并移交物业管理权，但其拒绝退出。尽管其在物业服务合同终止后为幸福小区提供了一定的事实服务，但根据《民法典》第949条第2款的规定，其无权要求业主支付相应物业费。最终，法院判决驳回了天堂公司的诉讼请求。

法律链接

《民法典》第949条

70 委托人“跳单”了，中介人可以要求中介费吗？

关键词：跳单

张亮到当地的一家房地产经纪公司（太平公司）咨询购房事宜，公司员工陈平负责这项工作。经过沟通之后，陈平根据张亮的购房意向，带领他到光明小区的一套住宅看房。看房后，张亮在《委托看房确认书》的“甲方处”签名，并表示对该套房产比较满意，希望陈平帮忙与业主进行协商，将房价降低至76万元。此后，业务能力较强的陈平经过商讨，确与业主达成了76万元房价的口头意向，并就水电暖、物业费等问题一并进行了协商。看起来，各方洽谈似乎非常顺利。但是，过了两天，张亮却突然在微信中告知陈平：“你那儿中介费太贵了，我就自己找人办手续了。”此后不久，张亮便在其他中介公司处与上述房屋的业主签订了房屋买卖合同，而且，该合同的房屋成交价、水电暖及物业费等，均与之前太平公司洽谈协商的结果一致。太平公司得知此事后非常生气，于是诉至法院，请求张亮支付中介报酬。

普法讲堂

在房屋买卖和租赁市场中，一些委托人在接受中介公司的服务后，为了规避中介费，又巧妙地绕开该公司，通过其他途径与业主订立合同。这种行为就是我们通常所说的“跳单”。显然，这是一种明显违背诚信原则的行为。对此，《民法典》第965条明确规定，委托人“跳单”后，中介人仍然可以要求其支付报酬。委托人接受中介服务后，通常采取两种形式“跳单”：一是直接与第三人私下订立合同，二是另行委托其他中介人与第三人订立合同。不管采取何种形式，只要委托人实际利用了原中介人提供的交易机会或媒介服务，就构成“跳单”，是否存在“其他中介人”并不是关键因素。值得注意的是，如果委托人同时委托多个中介人提供服务，经过比较权衡后最终选择了其中一个，通过其与第三人订立合同，则一般认为委托人对其他中介人并不构成“跳单”。因为委托人享有通过“货比三家”选择优质服务的权利，委托人本质上只是利用了最后选中的中介人提供的服务，才与第三人订立合同。

本案中，太平公司与张亮签订了书面的《委托看房确认书》，证明双方之间已经形成房屋买卖的中介合同关系。根据张亮的要求，太平公司为其提供了选定房源、看房、磋商房款、磋商水电暖及物业费、代付定金等中介服务，并与业主就各项主要事宜已基本达成一致。但此后张亮以“中介费太贵”为由，“跳”过该公司，另在其他中介公司处与业主签订了房屋买卖合同，且该合同的标的物、价款、定金等主要条款与太平公司的协商内容全部一致。显然，张亮之所以签订房屋买卖合同，主要是因为利用了太平公司提供的中介服务。张亮实施的行为是典型的“跳单”行为，其应当依法向太平公司支付报酬。最终，法院判令张亮向太平公司支付中介报酬 11400 元。

法律链接

《民法典》第 965 条

第四章

人格权编

71

在网络上擅自侮辱、诽谤死者，是否应当承担法律责任？

关键词：死者人格利益保护 死者名誉

周迟在日本留学期间，为了保护她的室友，被室友前男友残忍杀害。事情发生之后，潘宁为了博取网民关注，在网络平台上发表与周迟有关的系列文章及漫画。潘宁在文章以及漫画中捏造相关事实，造谣称周迟是“小三”，插足他人生活，招来杀身之祸，在文章首部附上死者周迟的遗照，在该遗照上添加侮辱性词语，并在文章内容中使用“可怜之人必有可恨之处”等语言对周迟进行侮辱、谩骂。潘宁的文章和漫画迅速在网络上传播开来，浏览量多达几十万次。周迟的母亲知道这件事后，悲痛不已，向当地的人民法院提起诉讼，请求潘宁承担相应的民事责任。

普法讲堂

随着自媒体的普及，每个人都拥有发声的渠道，但是公民在行使言论自由的同时也要尊重其应有的法律界限，不能侵犯他人合法的权利，即使是死者，他们也有相关的利益受到法律的保护。《民法典》第994条明确规定，“死者的姓名、肖像、名誉、荣誉、隐私、遗体等受到侵害的，其配偶、子女、父母有权依法请求行为人承担民事责任；死者没有配偶、子女且父母已经死亡的，其他近亲属有权依法请求行为人承担民事责任。”

本案中，潘宁不能认为，周迟去世，没有人格权，就可以肆无忌惮发表任何言论，侵害死者的名誉。潘宁捏造事实，使用侮辱性词语贬低死者周迟的名誉，其文章在网络上广泛传播，造成周迟的社会评价降低，构成对死者名誉的侵害，因此潘宁应该承担赔礼道歉、消除影响、赔偿损害等相应的民事责任。周迟的人格利益需要保护，但是周迟已经去世，谁来行使相关的权利呢？根据《民法典》第 994 条规定，死者的配偶、子女、父母有权依法请求行为人承担民事责任，死者没有配偶、子女且父母已经死亡的，其他近亲属有权依法请求行为人承担民事责任。因此本案中周迟的母亲可以请求潘宁承担民事责任。

法律链接

《民法典》第 994 条、第 1024 条

72 乘车发生事故被毁容，受害人能否以合同名义主张精神损害赔偿？

关键词：人格权　违约中的精神损害赔偿

某日早上，蔡安乘坐甲公交集团经营的 1 号路线公交车。蔡安上车后通过电子方式支付了乘车费，并迅速在车辆后排找到座位。乘坐过程中，公交车司机突然急刹车，蔡安站不稳跌倒，面部因撞击到地面受到严重伤害。当天蔡安经公交车司机送到医院治疗，经诊断蔡安骨折，后经司法鉴定中心诊断为 10 级伤残，同时脸部留下伤痕。蔡安在这次事故中因身体受到伤害而支出了医疗费、护理费、交通费、残疾辅助器费、鉴定费等一系列费用，同时蔡安因脸部的伤痕郁郁寡欢。蔡安与甲公交集团沟通，要求赔偿医疗费等

费用，并要求其承担精神损害赔偿责任，但甲公交集团拒绝，双方为此产生纠纷，蔡安遂诉至法院，请求甲公交集团支付医疗费等相关费用以及精神损害赔偿。

普法讲堂

《民法典》第996条规定了违约中的精神损害，在合同纠纷中，一方的违约行为若侵犯对方人格权并造成严重精神损害，受害人依旧可以主张精神损害赔偿。首先，必须是在合同中，因为一方的违约行为侵犯对方人格权；其次，违约行为既违反了合同约定又侵犯了他人的人格权；最后，非违约方因对方的违约行为遭受严重精神损害。在侵犯人格权违约责任和侵权责任存在竞合的情形中，允许受损害方请求行为人承担违约责任时，可以在违约责任请求中请求精神损害赔偿，有利于为受害人提供精神损害的救济方法，符合加强人格权保护的比较法发展趋势。

本案中，蔡安与甲公交集团存在运输合同，甲公交集团在运输过程中，司机在非突发情形下紧急刹车，没有妥善履行运输义务，违反了合同约定的义务。正是甲公交集团这一违约行为导致蔡安跌倒受伤，人格权遭受了侵害，骨折被认定为10级伤残，脸部留下伤痕，蔡安因脸部的伤痕郁郁寡欢。甲公交集团的违约行为侵害了蔡安的人格权并造成严重精神损害，因此蔡安可以提起诉讼要求甲公交集团赔偿医疗费等财产损害以及脸部留下伤痕的精神损害，法院应予支持。

法律链接

《民法典》第996条

73 行为人即将实施侵权行为，被害人能否向人民法院申请禁止该行为？

关键词：人格权禁令

刘强与朱铜系同村村民，二人在工作期间曾发生矛盾导致关系不睦，还因其他琐事发生过肢体冲突。朱铜在村委会、村口、村内街道等人流密集场所多次张贴、散发损害刘强名誉的材料，宣称“刘强包养小三”等。后来公安机关介入，对朱铜作出了罚款500元的行政处罚。但朱铜心中仍记恨着刘强，于是购买了几台打印机，安装在自己家中，自行编辑打印了纸质材料，准备再一次张贴、散发。刘强发现此事，为维护自身合法权益，向法院申请人格权侵害禁令，请求朱铜停止相应行为。

普法讲堂

针对现实社会，尤其是当前的网络时代中侵害人格权的一些行为，如果无法及时制止，为权利人提供必要的救济，其损害后果不可逆转，甚至会造成难以弥补的损害。因此《民法典》规定了人格权禁令制度。根据《民法典》第997条的规定，如果行为人正在实施或者即将实施侵害人格权的违法行为，不及时制止将使权利人的合法权益受到难以弥补的损害，权利人可以向人民法院提起人格权禁令，同时必须要有相应的证据证明。首先，行为人正在实施或者即将实施侵犯其人格权的行为。“正在实施”，例如，行为人在网上诽谤、侮辱他人；“即将实施”，例如，行为人打算过几天散布谣言。其次，不及时制止将使权利人的合法权益受到难以弥补的损害。最后，民事主体有证据证明。

因为人格权禁令是提前限制自由，为了避免过分损害被申请人的行为自由，应当达到有证据能够使人相信。

本案中，朱铜与刘强在工作期间关系不睦，朱铜已经实施过侵害刘强名誉权的侵权行为。结合本案，朱铜已经将诽谤刘强的材料打印好，放置在家中，故朱铜即将再次实施侵犯刘强名誉权的行为。同时朱铜若再次散布传单，会使刘强的名誉遭受侵害，而名誉的侵害是金钱不能弥补的，因此若不及时制止朱铜的行为将使刘强的合法权益受到难以弥补的损害。朱铜购买打印机，并且打印了材料，刘强掌握的事实证据足以证明朱铜即将实施侵权行为。因此刘强可以向人民法院申请人格权禁令，制止朱铜实施相关行为。

法律链接

《民法典》第 997 条

74 商场擅自对顾客搜身，顾客应如何维护自己的权益？

关键词：一般人格权　人格尊严　人身自由

女大学生小莉前往某化妆品公司的一家连锁店购物。当她离开门店时，店门口的警报器突然鸣响，保安过来询问小莉，并怀疑小莉包中藏有物品，私自带出。小莉强调自己并未将商店中的任何物品放入包中，但是保安仍擅自将小莉带入该店的办公室，女保安用手提电子探测器对小莉全身进行检查，确定小莉髋部带有磁信号，小莉称是自己的衣服产生的。后在女保安及另一女文员在场的情况下，小莉被要求解脱裤扣接受女保安的检查，但店方未查出带磁信号的商品。事后，小莉以侵害人格权为由诉至法院，要求店家赔礼道歉并赔偿损失。

普法讲堂

《民法典》第 109 条和第 990 条规定，自然人享有生命权、身体权等具体人格权之外，还享有人身自由、人格尊严的一般人格权。《民法典》第 1011 条规定，以非法拘禁等方式剥夺、限制他人的行动自由，或者非法搜查他人身体的，受害人有权依法请求行为人承担民事责任。

本案中，商店工作人员未经过法定程序，同时没有经过小莉的同意，擅自搜查小莉全身，并要求小莉解脱裤扣，小莉基于当时环境，被迫接受了上述行为。工作人员的行为属于非法搜查他人身体，该行为限制了小莉的行动自由，同时侵犯了小莉对她自己身体的权利，侵害了自然人的人格尊严。作为一名普通人，小莉的身体遭受了非法搜查，身而为人的基本尊严受到了侵害以及未被他人所尊重。综上，小莉可以依据《民法典》第 1011 条，以遭受非法搜查身体为由提起诉讼，要求店家赔礼道歉、承担损害赔偿等民事责任。

法律链接

《民法典》第 109 条、第 990 条、第 1011 条

75 自然人意外离世，死者的器官捐献谁说了算？

关键词：人体细胞　人体组织　人体器官　遗体　捐献

刘小青是一家医院的护士，一直服务于基层。在医院工作的过程中，她发现角膜盲患者当中只有极少数人能有幸接受眼角膜捐献重见光明。对此刘小青

十分痛心，她一直向家人表述，自己去世后一定要捐献眼角膜，提供给需要的人。天有不测风云，刘小青在一次上班的途中遭受车祸，不幸身亡。对于捐献眼角膜，刘小青生前未留下任何书面凭证以及遗嘱。刘小青的配偶、成年子女、父母决定向医院捐献刘小青的眼角膜，这在法律上合法吗？

普法讲堂

将捐献的人体细胞、人体组织、人体器官，移植给病人或者生命垂危的患者，延长了许多人的生命，并极大提高了其生活质量。《民法典》第1006条第1款和第2款规定只有完全民事行为能力人才有权依法自主决定无偿捐献人体细胞、人体组织、人体器官、遗体，且人体捐献的意愿必须真实合法，任何组织或者个人不得强迫、欺骗、利诱捐献，以避免器官捐献危及捐献人自身的生命或者严重损害捐献人自身的健康，防止出现职业捐献者群体和变相的买卖。《民法典》第1006条第3款规定，自然人生前未表示不同意捐献的，该自然人死亡后，其配偶、成年子女、父母可以共同决定捐献，决定捐献应当采用书面形式。

本案中，刘小青虽然生前产生了捐献眼角膜的想法，但是并未采取书面以及遗嘱形式表现出来，因此没有法律效力。假如没有发生不幸，虽然她是完全民事行为能力人，但是捐献仍需要满足法定的程序，根据《民法典》第1006条第2款规定，刘小青应当采用书面形式，也可以订立遗嘱。但是，刘小青生前没有留下任何书面凭证以及遗嘱。刘小青死亡后，根据《民法典》第1006条第3款，其配偶、成年子女、父母可以共同决定捐献她的眼角膜，决定捐献应当采用书面形式。遗体捐献是对死者尸体的处理，因此《民法典》规定了严格的程序，必须由配偶、成年子女、父母共同决定，同时必须采用书面形式。上述的严格程序要求，是为了防止出现恶意捐献现象。

法律链接

《民法典》第 1006 条

76

高中生因为攀比心理打算卖肾购买新款手机，该行为是否有效？

关键词：人体器官买卖　买卖合同　无效

高中生周浩拥有一款普通智能手机，用于住校时与父母联系。后来，某著名手机公司推出一款新手机，周围的同学纷纷将原来的老手机换成这款新手机。周浩内心羡慕不已，于是向父母要求更换手机。但是周浩家境一般，而新款手机较为昂贵，父母拒绝了他的要求。周浩每天看着周围的同学拿着新款手机，十分心动。有一天周浩在网上查到，卖肾可以拿到好几万元，于是他联系了对方打算卖掉自己的一个肾。对方与周浩约定在周日下午见面进行交易。后警方及时介入，制止了该笔交易。

普法讲堂

《民法典》第 1007 条规定，禁止以任何形式买卖人体细胞、人体组织、人体器官、遗体，违反规定的买卖行为无效。《人体器官移植条例》第 3 条规定："任何组织或者个人不得以任何形式买卖人体器官，不得从事与买卖人体器官有关的活动。"《民法典》规定买卖人体细胞、人体组织、人体器官、遗体行为无效，是因为该行为违反了社会公共秩序和善良风俗，买卖行为将人体细胞、组织和器官跟普通的物品一样对待，既是对身体尊严的藐视，也是对人类尊严的践踏。基于人格尊严的理念，每一个自然人的身体都应当受到尊重，避免仅仅将人体组成部分作为客体。同时，在实践中，人体的买卖很可能会不公平地利用最贫穷和最脆弱的群体，导致牟取暴利和贩卖认可。

本案中，周浩因为攀比之心打算购买新手机，但因为经济原因，没有足够金钱购买，于是产生卖肾的想法，这是法律所不允许的。因此周浩与对方订立的买卖肾的合同，违反公序良俗属于无效，对方不能请求周浩交付自己的肾，也不能向周浩主张违约责任。

法律链接

《民法典》第153条、第1007条;《人体器官移植条例》第3条

77 人体临床试验要向受试者告知相应风险并收取费用吗?

关键词：临床试验　自主决定权　知情同意　试验费用

甲公司是疫苗研发公司，其研发的某种流感疫苗通过动物实验后进入临床试验阶段。在人体试验志愿者招募中，甲公司提出受试者应为18至60周岁的健康成人，无流感病史或感染史等一系列要求，王星看到招募后前往。王星到达甲公司后，发现甲公司除了核查自己是否符合常规试验条件外，并未告知他此次试验的风险，还要求受试者若要参与试验应支付12000元的试验诊疗费，以覆盖试验期间受试者产生的各项开销。甲公司应当向受试者告知相应的风险吗？能否收取试验诊疗费？

普法讲堂

为了保护人的生命和健康，维护受试者的人格尊严，尊重和保护受试者的合法权益，促进人体临床试验的规范开展，《民法典》第 1008 条规定了受试者的相关权利。《民法典》第 1008 条第 1 款针对临床试验，规定了受试者权利。第一，受试者享有是否参加试验的自主决定权。第二，受试者关于临床试验的知情同意。对于临床试验，其中可能产生一些风险，受试者被告知可能影响其作出参加临床试验决定的各方面情况后，可以自行决定自己是否参加临床试验。《民法典》第 1008 条第 2 款规定，进行临床试验的，不得向受试者收取试验费用。

本案中，王星基于发布的公告想要参与该试验，是基于自主决定，并非他人强迫，同时王星可以在参与过程中任何阶段无条件退出研究。甲公司必须告诉王星这些内容，王星只有掌握自己参加的临床试验的目的、用途和可能产生的风险等详细情况后，才能明确自己是否愿意参加，并以书面形式确认，因为临床试验涉及王星自己切身的利益。自主决定权和知情同意权这两项权利是受试者在临床试验中最基本而重要的权利。人体试验的伦理原则是公正、尊重人格、力求使受试者最大程度受益和尽可能避免伤害。甲公司以试验诊疗费为由，打算收取 12000 元，是为法律所禁止的，因此王星有权拒绝该要求。

法律链接

《民法典》第 1008 条

78 行为人之间订立买卖胎盘干细胞的合同，该合同有效吗？

关键词：买卖人体细胞　合同无效

舒文偶然认识了孙易，孙易告诉舒文，回输干细胞不仅可以美容，还具有延缓衰老等功效，并邀请舒文到细胞库参观，舒文心动不已。某日，舒文与孙易在微信上约定，一次性订购 20 份“人胎盘来源的干细胞”，舒文当天即转账半数预付款 100 万元。一开始，双方合作很愉快，孙易如期交付了 8 份干细胞，并为舒文进行了回输。舒文支付完剩余价款后，要求孙易进行后续安排，但孙易一直未回复。孙易仿佛在微信上消失了，留言不回，语音不接。舒文于是向法院提起诉讼。

普法讲堂

《民法典》第 1007 条规定，禁止以任何形式买卖人体细胞、人体组织、人体器官、遗体。违反上述规定的买卖行为无效。基于人格尊严的理念，每一个自然人的身体都应当受到尊重，应当避免仅仅将人体组成部分作为客体。买卖人体细胞、人体组织、人体器官、遗体是将人体组成部分作为客体进行交易，为法律所不允许。

本案中，舒文基于回输干细胞具有美容、延缓衰老等功效，于是向孙易购买“干细胞”，双方对此买卖干细胞的内容达成了合意，进行了买卖人体细胞的活动。该干细胞买卖合同因违反《民法典》第 153 条和第 1007 条的效力性强制性规定无效。从民事角度看，舒文与孙易订立的干细胞买卖合同无效，因此当孙易不履行双方合同约定的义务时，舒文不得要求孙易承担违约责任，继续履行合同，但可以要求其退回自己的预付款。从刑事角度看，孙易的行为还可能构成刑事犯罪，将受到刑法处罚。

法律链接

《民法典》第 153 条、第 1007 条

79 “咸猪手”等性骚扰行为应当承担何种法律责任？

关键词：性骚扰

一日，陈明乘坐地铁出行，车上人员比较多，他见自己旁边坐着的一名女子肖兰相貌美丽，于是慢慢靠近肖兰，最后紧贴坐在肖兰右侧，并将自己的左手搭在肖兰右臂并持续触摸肖兰胸部。在此期间，肖兰挪动座位以躲避，但是陈明仍然继续紧贴并实施触摸行为，肖兰立即下车并报警。警方经肖兰报警后，立案处理，抓获陈明。后警方发现陈明已经多次在轨道交通工具上实施该类猥亵骚扰行为。陈明的此种行为应当承担什么法律责任？

普法讲堂

《民法典》第 1010 条第 1 款对性骚扰进行了明确规制。性骚扰是指以言语、文字、图像、肢体行为等方式，违背他人意愿而实施的以性为取向的、有辱他人尊严的性暗示、性挑逗、性暴力等行为。首先，性骚扰的受害人可以是所有的自然人，包括男性，《民法典》第 1010 条未限定性别。其次，性骚扰核心是违背他人意愿，实施与性有关的行为。最后，性骚扰一般具有明确的

针对性。性骚扰行为会影响受骚扰者的学习、工作和生活，侵害其人格尊严、自由，损害其形象和自尊，严重的性骚扰甚至会造成受骚扰者的恐惧、自闭和盲目依赖，还可能涉及社会中的性别歧视。《民法典》的规定为防止性骚扰奠定了坚实的法律基础，为受害人提供民法上的救济。

本案中，陈明利用地铁车厢相对拥挤、不易察觉、较难避让的客观条件，紧贴肖兰，同时将自己的左手搭在肖兰右臂并持续触摸肖兰胸部，这些都违背了肖兰的意愿，并且这些行为涉及肖兰的私密部位，都与性有关。陈明在地铁上故意接近肖兰，具有明确的针对性，并且陈明明知自己的行为与性有关，且自己的行为会对肖兰产生不良影响，但仍然实施，陈明主观上有故意。因此陈明的行为构成性骚扰，肖兰可以要求陈明承担赔礼道歉、赔偿损害等相关民事责任。

同时考虑到实践中，利用职权、从属关系的性骚扰的情形较多，《民法典》第 1010 条第 2 款特别规定了机关、企业、学校等单位应当采取合理的预防、受理投诉、调查处置等措施，防止和制止利用职权、从属关系等实施性骚扰的义务。

法律链接

《民法典》第 1010 条

80 父母可以给自己的子女取名为“春秋战国”吗？

关键词：姓名　姓名权

刘玉和赵诚是一对夫妻，两人都酷爱诗词歌赋和中华传统文化。刘玉怀孕后，夫妻二人希望自己的孩子未来能在诗词方面有所成就，于是二人决定给孩子取名叫“春秋战国”。孩子出生后，刘玉前往派出所为女儿申请办理户口登记，派出所民警告知刘玉，孩子必须随父姓或随母姓，即“刘”或“赵”，不得取两者之外的姓，否则不符合办理出生登记条件。刘玉坚持以“春秋战国”为姓名申请户口登记，派出所拒绝为其办理户口登记，刘玉于是起诉到法院，她的请求能得到法院的支持吗？

普法讲堂

自然人的姓名由“姓”和“名”组成。《民法典》第1012条规定，自然人享有姓名权，有权依法决定、使用、变更或者许可他人使用自己的姓名。这是自然人姓名自我决定权的体现。对于“名”，一般认为，自然人只要不违反法律的强制性规定和公序良俗就可以按照自己的意愿决定或者变更。对于“姓”，法律有一定限制，《民法典》第1015条规定，自然人应当随父姓或者母姓，但是存在例外情况。因为“姓”具有很强的伦理性，具有浓厚的身份属性，是家族血脉传承的标识，自然人出生取得姓氏，随父母姓符合我国社会对姓氏取得的传统认识，符合中华传统文化和伦理观点，符合绝大多数公民的意愿和实际做法，体现着血缘传承、伦理秩序和文化传统。

例外情形下，自然人可以选择父姓或者母姓之外的姓氏。第一，选取其他直系长辈血亲的姓氏。如因男方入赘等原因，子女改姓女方的姓，到第三代时，孩子又要改为其祖父的姓，这是我国许多地方长期存在的民间习俗，在法律上应当予以尊重。第二，因由法定扶养人以外的人扶养而选取扶养人姓氏。在法定扶养义务之外，其他近亲属也可能负担相应的扶养义务，自然人可以选择扶养人的姓氏作为自己的姓氏，这在客观上也有利于鼓励法定扶养义务人之外的近亲属对自然人履行扶养义务。第三，有不违背公序良俗的其他正当理由。此外，《民法典》第1015条第2款规定少数民族自然人的姓氏可以遵从本民族的文化传统和风俗习惯。本案中，刘玉和赵诚不符合《民法典》第 1015 条的例外规定，同时也未提出不违背公序良俗的其他正当理由，故孩子只能随父姓或随母姓，不能取名叫“春秋战国”。

法律链接

《民法典》第 1012 条、第 1015 条

81 未经权利人同意，擅自使用他人肖像进行广告宣传，是否构成侵权？

关键词：肖像 肖像权

王成是一个影视明星，在一次交通事故中受伤，脸部因此留下疤痕。王成有“偶像包袱”，一直很在意自己的疤痕，每天郁郁寡欢。后来经朋友的介绍，得知有一家私人诊所从事微创手术，专门针对有疤痕、伤痕的人进行治疗。于是王成花了大量的金钱去诊所做了疤痕修复手术，效果非常好。一日，王成路过该诊所，发现诊所的宣传栏上放着自己手术前和手术后的照片，图片并没有进行任何模糊处理。王成十分生气，于是起诉到法院，要求诊所停止侵害，并承担相应的民事责任。

普法讲堂

法律保护自然人的肖像，在于这是个人的外部形象，民事主体的外在表征，彰显民事主体的社会存在。《民法典》第 1018 条第 1 款规定，肖像权是个人就自己肖像是否制作、使用、公开或者许可他人使用的权利。肖像的范

围不应限于自然人的面部特征，《民法典》第1018条第2款规定，肖像是通过影像、雕塑、绘画等方式在一定载体上所反映的特定自然人可以被识别的外部形象。因此肖像是一个自然人形象的标志，除面部特征外，任何足以反映或者可以识别特定自然人的外部形象都可以纳入肖像权的保护范围。根据《民法典》第1019条第1款规定：第一，不得丑化、污损他人肖像。例如，以女电影演员的画像作为酒店女洗手间的标志。第二，利用信息技术手段伪造等方式侵害他人的肖像权。例如，利用深度伪造技术，将他人形象用于色情影片、广告宣传。第三，擅自使用和公开他人肖像。例如，将他人肖像发布到网上。

本案中，诊所将王成的照片张贴在宣传栏上，王成的外部形象通过照片这一载体被公之于众，同时该照片足以被识别为王成这一特定个体。诊所的行为是未经王成的同意使用王成的肖像，属于擅自使用，因此诊所构成肖像权侵权，王成可以要求诊所承担停止侵害、消除影响、赔礼道歉、赔偿损失等相关民事责任。需要注意的是，《民法典》颁布前，《民法通则》规定侵害肖像权要以行为人具有营利目的作为构成要件。《民法典》立法中放弃了该构成要件，考虑到肖像权虽然附有一定财产属性，但是它本质上仍为人格权的一种，保护人格权根本的意义在于维护人之所以为人的根本价值。如果侵犯肖像权要以营利为目的，不仅缩小了肖像权保护的范围，而且不利于保护肖像权人的利益，违背了人格权保护的宗旨。因此，本案中，诊所使用王成的照片是否具有营利目的，并不影响对肖像权侵权与否的判断。

法律链接

《民法典》第1018条、第1019条

82 媒体恶意报道女明星作为第三者破坏他人婚姻，并且使用侮辱性词语，是否构成侵权？

关键词：名誉权 侮辱性言辞 社会评价

女明星梁羽因拍摄电影被全国人民所知晓，一时间火爆整个娱乐圈。梁羽在微博上发布相应的公告，告知自己的粉丝其未来一个月的活动安排。某日，梁羽陆续收到部分粉丝的私信，被告知金夏在各大平台发表言论，宣传梁羽是“小三”，破坏他人的婚姻，同时不断私信各主流媒体，要求将梁羽逐出娱乐圈。事件起因是金夏见梁羽大红大紫，心生不满，故意诋毁梁羽。因为金夏的不实言论，梁羽整体工作受到影响，粉丝骤减，而且各个平台不断与梁羽进行解约，导致梁羽事业一落千丈。梁羽于是向法院提起诉讼，认为金夏侵害了其名誉权，要求金夏消除影响，赔礼道歉。

普法讲堂

名誉，是对他人品性、德行、名声、信用等的社会评价。名誉权是民事主体所享有的一种重要人格权，其关系到一个民事主体在社会经济生活中所处的地位以及应受到的信赖和受到尊重的程度，是民事主体进行民事活动，乃至其他社会活动的基本条件。《民法典》第1024条规定任何组织或者个人不得以侮辱、诽谤等方式侵害他人的名誉权。侮辱行为是指公然以暴力、谩骂等方式公开贬损他人名誉的行为，而诽谤行为是以散布、捏造或者夸大事实等方式故意损害他人名誉的行为。在判断某一行为是否构成侵害名誉权时，从行为方面看，需要判断是否有侮辱、诽谤等方式，从结果方面看，需要判断受害人的社会评价是否客观上有所降低。名誉是一个民事主体在社会经济生活中所处的地位及应受到的信赖和受到尊重的程度。

本案中，金夏捏造事实，宣传梁羽是“小三”，破坏他人的婚姻，故意诋毁梁羽，并在各个平台散布该消息，属于诽谤行为。金夏的诽谤行为会使得社会公众觉得梁羽道德品质有问题，从而降低社会公众对梁羽的整体评价。因此，金夏的诽谤行为导致梁羽的社会评价降低，构成名誉权侵权。需要注意的是，如果行为人发布的信息或者所作的陈述客观真实，且没有包含侮辱性的内容，即使受害人认为自己的名誉受到了损害，也不构成名誉权侵权。假若本案确确实实是梁羽生活作风有问题，金夏如实揭穿，那么金夏将不构成名誉权侵权。同时，《民法典》第 1025 条规定，行为人为公共利益实施新闻报道、舆论监督等行为，影响他人名誉的，不承担民事责任，但是如果是捏造、歪曲事实或者对他人提供的严重失实内容未尽到合理核实义务或者使用侮辱性言辞等贬损他人名誉，仍构成名誉权侵权。

当今社会，人们可以在社会上发表自己的言论，同时由于网络的发达，言论在互联网上的传播更加方便快捷。但是一个人在发表言论时，不得以损害他人名誉为目的，不得以散布、捏造或者夸大事实等方式故意损害他人名誉，不得使用侮辱性言辞等贬损他人名誉，否则就要承担相应的法律责任。

法律链接

《民法典》第 1024 条、第 1025 条

83 银行误报贷款信息，导致他人信用评价降低，无法向银行贷款，是否构成侵权？

关键词：名誉权 信用评价

夏商银行每年度都需要向总行汇报目前自己银行下各个企业和个人未能及时还清贷款的情况，并根据实际情况，申报企业及个人呆账未清偿资料，限制他们相应的行为。一次申报时，夏商银行不小心将王飞申报为齐云，将齐云的身份证号码上报，导致银行将齐云的账户列为呆账。齐云一直未察觉，直到有一次，因为投资需求，他向其他银行贷款，银行均以信用不佳的理由拒绝，齐云难以顺利向银行融资。齐云困扰不已，后来调查发现，是因为夏商银行的操作失误导致自己的账户被列为呆账，从而无法贷款。齐云该如何维护自己的利益？

普法讲堂

现代社会是信用社会，信用的保护对于每个民事主体都至关重要。信用是指对民事主体履行义务能力，特别是经济能力的一种社会评价。《民法典》人格权编虽然没有规定单独的信用权，但是依然强化了对信用的保护。根据《民法典》第1024条第2款，“名誉是对民事主体的品德、声望、才能、信用等的社会评价”，可知信用是名誉的组成部分。如果侵害他人信用导致他人的社会评价降低，满足侵权情况下，被侵权人可以要求侵权人承担民事责任。

在本案中，齐云的账户误被列为呆账，导致各个银行对齐云的信用评价降低，认为齐云没有良好的信用，不能及时还清贷款，于是各个银行均拒绝齐云的贷款申请，而这是由夏商银行操作失误导致的。因此，对于夏商银行上报错误的过失行为，齐云可以起诉至法院请求夏商银行采取更正、删除呆账等必要措施，并向其赔礼道歉，消除影响。

法律链接

《民法典》第 1024 条

84 公民在多个微信群中发布侮辱、诽谤、污蔑或者贬损他人的言论，是否构成名誉权侵权？

关键词：名誉权　社会评价　微信

张兰在小区内经营一家美容店，一日，小区业主王强到该美容店做美容，因美容效果没有达到王强的预期，王强开始质疑张兰的手艺，认为她没有良好的技术，招摇撞骗。双方因为美容服务问题发生争执，后公安部门介入，对双方进行调解。事情结束后，王强仍心怀不满，多次在业主微信群中将张兰的照片作为配图，对张兰进行造谣、诽谤、污蔑、谩骂，宣称其无证经营，并使用“毁容”“美容师不正规”“讹诈客户”“破仪器”“技术和产品都不灵”等贬损性言辞。小区内业主知晓后，都不再光顾张兰的美容店。张兰经营的美容店因此生意大不如前。于是张兰诉请法院维护自己的合法利益。

普法讲堂

《民法典》第 1024 条第 1 款规定，任何组织或者个人不得以侮辱、诽谤等方式侵害他人的名誉权。侮辱行为是指公然以暴力、谩骂等方式公开贬损他人名誉的行为，而诽谤行为是指以散布、捏造或者夸大事实故意损害他人名誉的行为。名誉是一个民事主体在社会经济生活中所处的地位及应受到信赖和尊重的程度，因此构成名誉权侵权不仅需要判断行为人是否有侮辱和诽谤的行为，同时还需要判断行为人的行为是否导致受害人的社会评价降低。

本案中，王强对张兰进行造谣、诽谤、污蔑、谩骂，宣称其无证经营，使用“毁容”“美容师不正规”“讹诈客户”“破仪器”“技术和产品都不灵”等贬损性言辞，构成侮辱和诽谤。本案较为特殊的点在于，王强的侮辱、诽谤行为是通过微信群进行的。相比于微博、抖音等网上平台，微信群具有一定的封闭性，因为群内人数限定，且人员基本固定，这些特点决定了在微信群进行侮辱、诽谤行为是否会导致受害人的社会评价降低存在疑问。本案中，从微信群的成员组成、对其他成员的询问情况以及网络信息传播的便利、广泛、快捷等特点来看，不特定关系人组成的微信群具有公共空间属性，涉案言论确易引发大家对张兰经营的美容店的猜测和误解，损害小区公众对张兰的信赖，对其产生负面认识并造成张兰社会评价降低。因此王强侮辱和诽谤的行为导致张兰的社会评价降低。王强在拥有众多该小区住户的微信群发布侮辱、诽谤、污蔑或者贬损张兰的言论构成名誉权侵权，应当依法承担法律责任。张兰的名誉权受到侵害，其有权要求王强停止侵害，恢复名誉，消除影响，赔礼道歉，并可以要求赔偿损失。

法律链接

《民法典》第 1024 条

85 媒体如实曝光食品安全问题构不构成侵权行为?

关键词：名誉权　新闻舆论监督权

王宇擅长制作熟菜，于是自己开设并经营了一家卤菜厂，后因为卫生问题被相关部门取缔。一年后，王宇在其他地方再次经营了一家卤菜厂，并对卤菜厂进行了改名。省广播电视总台的记者吕星接到群众反映该卤菜厂可能存在卫生问题，于是进行暗访。吕星在暗访期间，发现该卤菜厂生产环境十分糟糕，存在多处卫生问题，遂向市场监督管理局举报。当地市场监督管理局查明，该卤菜厂涉嫌经营腐败变质食品，且存在其他违法行为，对其作出行政处罚。省广播电视总台报道了这一事实，报道中指出：记者在某卤菜厂实地拍摄，地上血水污水混流，苍蝇随处可见，包装袋上爬有白色蛆虫，工人没有任何防护措施直接在脏地板上操作。卤菜厂以省广播电视总台混淆事实侵犯其名誉权为由提起诉讼，要求省广播电视总台撤回报道、赔礼道歉、赔偿损失。

普法讲堂

《民法典》第1025条规定，行为人为公共利益实施新闻报道、舆论监督等行为，影响他人名誉的，不承担民事责任，但是实施新闻报道、舆论监督等行为时存在捏造、歪曲事实，对他人提供的严重失实内容未尽到合理核实义务，使用侮辱性言辞等贬损他人名誉情形的，仍应承担侵权责任。

本案中，省广播电视总台报道食品卫生问题、揭露食品安全隐患是职责所系，目的是维护社会公共利益，并无侵犯他人名誉权之故意。案涉报道反映某卤菜厂卫生环境恶劣，且工人操作极不规范，对此市场监督管理局已调查核实，并对某卤菜厂作出行政处罚。报道内容与行政处罚决定书及记者实地拍摄的视频可相互印证，故省广播电视总台不存在捏造、歪曲事实之情形。报道中的评论性用语客观公正，不存在恶意贬损和侮辱诽谤的情形。因此，省广播电视总台实施的新闻报道并未侵犯该卤菜厂的名誉权。

本案明确了新闻舆论监督权与经营者名誉权的边界，鼓励新闻媒体通过合法合规方式揭露社会问题，维护公共利益。同时，本案对于引导商户诚信经营、推进信用体系建设、形成良好社会风气具有积极作用。

法律链接

《民法典》第 1025 条

86 “人肉搜索”是否需要承担民事责任？

关键词：个人信息　人肉搜索

卓彩为某医院著名医生，一日，她和丈夫一同前往游泳馆游泳。在泳池中，卓彩与一名男孩发生了肢体接触，疑似被男孩冒犯。她要求男孩道歉，但对方不仅拒绝，还向她吐口水做鬼脸。卓彩的丈夫气不过，便冲过去将男孩的头按入水中。随后男孩的家长与他们发生冲突，双方报警处理。第二天，男孩的家长仍心怀不满，前往卓彩的工作单位大吵大闹，要求单位将其开除。这之后，男孩的母亲刘女士还恶意剪辑游泳馆中卓彩的相关视频，该视频被一些媒体冠以《疑妻子被撞，男子竟在泳池中按着小孩打》之名大量转载。

卓彩的姓名、电话、工作单位、档案材料等详细个人信息也在当地微信群中广泛流传，不明真相的网友开始抨击卓彩，谩骂、威胁此起彼伏。最终，不堪卷入舆论漩涡的卓彩在自家车内服药自杀。

普法讲堂

《民法典》第1032条规定，自然人享有隐私权，隐私是自然人的私人生活安宁和不愿为他人知晓的私密空间、私密活动、私密信息。其中“私密信息”具体指自然人的病历、财产状况、身体缺陷、档案材料等个人信息。《民法典》第1034条第2款规定，个人信息包括自然人的姓名、出生日期、身份证件号码、生物识别信息、住址、电话号码、电子邮箱、健康信息、行踪信息等。需要注意的是，隐私与个人信息有紧密联系，两者范围有重合，权利主体不愿为他人知晓的个人信息，既属于隐私又属于个人信息，如病史、犯罪记录等。

对个人信息加以规定和保护，是《民法典》的亮点之一。随着信息技术的快速发展，非法获取、非法公开或者非法向他人提供个人信息的违法行为泛滥，一旦这些数据遭遇“人肉搜索”，轻则让当事人不堪其扰，重则可能变成“杀人不见血”的“子弹”与“飞刀”。加强对个人信息的保护对于保护公民的人格尊严，使公民免受非法侵扰，维护正常的社会秩序具有重要的现实意义。

本案中，男孩的母亲刘女士因为与卓彩之间的个人矛盾，将卓彩的个人信息发布到网上，其中含有卓彩不愿为他人知晓的个人信息，属于隐私权的保护范围。卓彩的姓名、电话、工作单位、照片属于个人信息，卓彩的档案资料等不为人所知的信息既属于个人信息又属于隐私。根据《民法典》第1035条和《个人信息保护法》的相关规定，未经他人同意不得公开他人个人信息，因此，刘女士的行为构成泄露他人信息。《民法典》第1034条第3款规定，个人信息中的私密信息，适用有关隐私权的规定；没有规定的，适用有关个人信息保护的规定。因此，刘女士需要承担停止侵害、消除影响、赔礼道歉等相关民事责任。

法律链接

《民法典》第 1032 条、第 1033 条、第 1034 条、第 1035 条；《个人信息保护法》第 66 条

87

手机服务运营者未经客户同意，向客户滥发商业短信和打骚扰电话，是否侵犯他人隐私？

关键词：隐私权　私人生活安宁

邱心使用的电信运营商为快信，一日，他收到快信运营商发来的短信，短信内容大致为“最近充值活动，充值 40 元话费可以送 10 元”，邱心未在意。不久后，邱心接到快信运营商客服打来的电话，表明最近周年庆，充值 40 元话费可以送 10 元，邱心委婉拒绝。本来以为此事已经结束，没想到第二天，邱心再次收到同样的短信，当晚 8 点，又接到快信运营商客服的电话。邱心告知对方，自己不需要这样的服务，请对方不要再发送类似的短信以及打电话骚扰。时隔几天，邱心又收到类似的短信。于是邱心以自己的隐私受到侵犯为由，起诉快信运营商，要求其承担民事责任。

普法讲堂

《民法典》第 1032 条规定隐私不仅包括自然人不愿为他人知晓的私密空

间、私密活动、私密信息，还包括自然人的私人生活安宁。私人生活安宁是指自然人可以排除他人对自己生活安宁和平静的不当打扰和妨碍的状态，包括日常生活安宁、住宅安宁、通信安宁。这一表述的关键在于“安宁”，其是对私人生活不受他人干扰状态的一种描述。

本案中，邱心享有私人生活安宁和不被他人打扰以及妨碍的权利，但是快信运营商三番五次发送短信并拨打电话，从次数上，邱心前前后后总共遇到五次，同时在邱心明确拒绝相关服务的前提下，快信运营商仍继续发送短信和拨打电话。从时间上，快信运营商在非工作时间甚至是邱心的休息时间拨打电话，影响了邱心的正常休息。整体来说，快信运营商的行为均超过了社会日常生活的必要和合理限度，使得邱心的精神长期处于压力之下，个人生活安宁遭受严重侵害，还侵犯了邱心的隐私。

随着信息技术的发展，许多商家利用新型的信息技术进行大规模营销，也有行为人通过发送大量短信、邮件的方式，影响权利人的正常生活，例如，通过群发电子邮件、手机短信等方式，不加选择地向人们大量传播“垃圾信息”或“骚扰信息”。如果自然人接收到的短信、邮件或者即时通信软件的内容超过了社会日常生活的必要和合理限度，或未经自然人同意随意查看自然人的短信、邮件或即时通信软件记录，还会构成对通信安宁的侵扰，构成隐私权侵权。

法律链接

《民法典》第 1032 条、第 1033 条

88

擅自在酒店房间安装摄像头偷窥他人，是否侵犯入住人的隐私权？

关键词：隐私权

贺芳（女）入住一家宾馆，在晚上入睡关灯时，发现电源插座有红光出现，贺芳怀疑酒店内装有摄像头，于是立即报警。警方接到通知后，来到酒店，证实的确有摄像头存在。警方立即组织刑侦支队及相关部门全面开展侦查，经技术检验鉴定、深入研判分析和缜密侦查，在某小区找到嫌疑人王勤，并在他的电脑和手机中发现相关视频。经审查，王勤为满足个人偷窥欲望，从网上购买微型摄像头，入住该宾馆房间时，将微型摄像头安装到房间插座内，用于偷拍他人隐私。贺芳于是向法院提起诉讼，要求王勤承担民事责任。

普法讲堂

《民法典》第1033条规定了几种侵犯隐私权的具体形式，其中规定除法律另有规定或者权利人明确同意外，不得进入、拍摄、窥视他人的住宅、宾馆房间等私密空间，不得拍摄、窥视他人身体的私密部位。住宅、宾馆房间等私密空间以及身体的私密部位是自然人隐私的核心部分，不允许别人侵犯。“拍摄”是指非法通过手机、相机或者通过在住宅或者宾馆房间安装摄像头等设备将他人住宅或他人所居住的宾馆房间内的人、物、布局、摆设等记录下来。“窥视”是指非法暗中观察、偷看他人的住宅或宾馆房间。

本案中，王勤从网上购买微型摄像头，私自在酒店安装摄像头并拍摄宾馆房间，属于拍摄行为。王勤通过这个摄像头窥视入住者贺芳身体的私密部位，属于窥视行为。这些都是侵害他人隐私权的行为。任何组织或者个人不得以刺探、侵扰、泄露、公开等方式侵害他人的隐私权。隐私权的核心在于自然人的私密领域不得被他人侵犯，王勤通过拍摄以及窥视的行为，侵犯了贺芳的私密领域，构成隐私权侵权。

法律链接

《民法典》第 1032 条、第 1033 条

89 应用软件或者小程序能否通过默认勾选取得用户同意的方式处理用户的个人信息？

关键词：个人信息

科达公司开发了一款社交软件，名为“天天聊”，同时开发了读书软件“天天读书”。“天天聊”是大家生活中常用的社交软件，而“天天读书”主要提供电子阅读服务，两个软件相互独立。张路在生活中，同时会用到“天天聊”和“天天读书”进行日常社交活动、阅读等。有一天，他发现，“天天聊”将他的好友信息（包括用户昵称、头像等）自动授权给“天天读书”使用，从而使“天天读书”可以直接获取他的“天天聊”好友关系；“天天读书”在获取上述好友信息后，在软件里为张路自动关注这些好友，且这些好友可看到被默认公开的张路的读书信息（比如收藏的图书、喜欢的作者等）。张路于是要求科达公司取消这些行为，科达公司主张，张路登录“天天读书”时，已经在登录界面勾选了默认处理信息的同意。张路注意到如果不同意这些信息处理的规则，就不能使用“天天读书”。张路认为这是强迫他处理个人信息，

于是起诉到法院，希望维护自己的合法权益。

普法讲堂

如今，人们通过手机以及电脑等电子设备中的一些应用软件进行社会交往和资源获取，如微信、QQ 等。同时，更多满足不同需求的应用软件出现在公众视野中，但用户使用这些软件时，软件开发者会在登录界面设定“隐私政策”对个人信息处理目的、方式和范围进行告知，用户只能被迫接受这些要求，如果不同意这些要求，将无法使用该软件。《民法典》第 1035 条规定了处理自然人个人信息的要求，其中有一项规定，处理个人信息必须征得该自然人或者其监护人同意，该知情同意不仅包括对自然人个人信息内容被收集和使用的知情同意，也包括对后续处理其个人信息的目的、方式和范围等的知情同意。《个人信息保护法》第 16 条规定：“个人信息处理者不得以个人不同意处理其个人信息或者撤回同意为由，拒绝提供产品或者服务；处理个人信息属于提供产品或者服务所必需的除外。”

本案中，科达公司基于“天天聊”软件提供聊天服务的特性，获取了张路的个人信息，但是在“天天读书”软件中，科达公司采取“与其他授权捆绑”“不点击同意就不提供服务”等方式强迫或者变相强迫张路同意处理其个人信息，并将“天天聊”的个人信息使用到“天天读书”，违反了《个人信息保护法》第 16 条的规定。科达公司通过默认勾选的方式征得张路同意，不能认定为取得张路的同意，其后续擅自使用张路信息属于侵犯他人个人信息，张路可以要求“天天读书”停止获取并且删除他的个人信息。

法律链接

《民法典》第 1035 条；《个人信息保护法》第 13 条、第 14 条、第 16 条、第 47 条

90 游乐场擅自将顾客入园方式从指纹识别改为人脸识别，顾客可以拒绝吗？

关键词：个人信息　敏感个人信息　人脸识别

某日，郭达到某游乐场游玩，体验很好，于是便办理了一张游乐场年卡，园方明确承诺在使用期限内，郭达验证年卡并通过指纹入园即可，次数不限。办理年卡时郭达填写了姓名、手机号等个人信息，还录入了指纹以及人脸信息。工作人员告诉他，录指纹和人脸信息是为了比对身份，防止他人冒用。郭达和家人曾数次前往游乐场游玩，每次都通过刷年卡和指纹入园。某日，游乐场工作人员电话通知郭达，园区年卡系统已升级为人脸识别入园，原指纹识别已取消，并且已经将郭达的入园方式从指纹识别改为人脸识别，郭达刷脸即可进入园区。但是郭达认为人脸信息属于高度敏感个人隐私，不同意接受人脸识别，要求园方退卡。

普法讲堂

人脸信息属于个人信息，同时属于敏感个人信息，敏感个人信息一旦被泄露或者非法使用，容易导致自然人的人格尊严受到侵害或者人身、财产安全受到危害。而机场、体育场馆、娱乐场所等经营场所、公共场所为了简化相关手续的办理，往往直接使用人脸识别。《个人信息保护法》第 28 条第 2 款规定，“只有在具有特定的目的和充分的必要性，并采取严格保护措施的情形下，个人信息处理者方可处理敏感个人信息。”《个人信息保护法》第 29 条规定，“处理敏感个人信息应当取得个人的单独同意；法律、行政法规规定处理敏感个人信息应当取得书面同意的，从其规定。”

本案中，游乐场原先采取指纹识别入园，后来系统升级，为了适应系统升级后的需要，于是将入园方式从指纹识别改为人脸识别，并且没有经过郭达的同意，便使用了郭达的人脸信息。游乐场使用人脸识别仅仅是为了入园方便，不满足特定的目的和充分的必要性，因此游乐场不得处理游客的敏感个人信息。并且，游乐场收集人脸信息，是为了比对身份，防止他人冒用，而现在游乐场利用收集的人脸信息作为入园方式，扩大信息处理范围，超出事前收集目的，且未征得郭达的单独同意，违反了《个人信息保护法》的规定。因此，郭达可以要求游乐场删除其办卡时提交的包括照片在内的面部特征信息。

法律链接

《民法典》第 1034 条、第 1035 条;《个人信息保护法》第 13 条、第 14 条、第 28 条、第 29 条、第 47 条;《最高人民法院关于审理使用人脸识别技术处理个人信息相关民事案件适用法律若干问题的规定》第 2 条

第五章

婚姻家庭编

91　重婚以及夫妻一方与他人同居在违反道德的同时是否也违反了法律？

关键词：重婚　夫妻忠实义务

王军与陈婷经朋友介绍认识，在相识一段时间后同居，一年后情感逐步稳定，于是在民政局登记结婚。婚后二人一直住在王军所有的一套100平方米的商品房中，并于一年后生育一子。三年后，马丽的到来打破了三口之家的宁静。马丽在王军和陈婷的家中哭闹不止，称王军欺骗了自己的青春和感情，八年前与自己领证结婚后，在外面又与他人结婚生子，并拿出自己与王军的结婚证展示给陈婷看，要求陈婷搬出王军的房子。陈婷得知真相后羞恼不已，悲痛欲绝，前往法院要求宣告自己与王军的婚姻无效，并且要求王军对自己和孩子进行赔偿。

普法讲堂

我国实行婚姻自由、一夫一妻的婚姻制度。婚姻以夫妻双方的感情为基础，以夫妻两人的忠实为延续。不论是原《婚姻法》，还是现行的《民法典》婚姻家庭编，都明确了夫妻应该互相忠实，互相尊重，互相关爱。婚后一方与他人同居以及婚后再次登记结婚的行为极大地冲击了我国的婚姻制度，有违当事人结婚时的初衷，有违婚姻法的基本原则，有违公序良俗。《民法典》多条规定都涉及夫妻的忠实义务。《民法典》第1042条第2款明确规定禁止重婚；第1043条第2款规定夫妻应当互相忠实；第1051条将重婚列为婚姻无效的情形之一，并在第1054条提出一方重婚，另一方无过错的，无过错方享有请求损害赔偿的权利，但不得侵害合法婚姻当事人的财产权益；第 1079 条将重婚或者与他人同居列为经调解无效法院可以判定离婚的标准之一，并在第 1091 条规定了因一方重婚或者与他人同居导致离婚，无过错方的损害赔偿权。种种条款在最大程度上保护了受害方的权利，保护了婚姻关系的稳定。

在本案中，法院认定王军隐瞒自己已婚事实与陈婷同居，后又与陈婷登记结婚的行为属于重婚，最终判定王军与陈婷之间的婚姻无效，要求王军在不损害马丽权益的基础上，对陈婷进行损害赔偿。此外，陈婷与王军所生的非婚生儿子应该得到与婚生子女同等的照顾。

法律链接

《民法典》第 1042 条、第 1043 条、第 1051 条、第 1054 条、第 1079 条、第 1091 条

92 因家庭暴力而提起的离婚诉讼中，受害一方能否请求损害赔偿？

关键词：家庭暴力

李美与林勇都是离异单身人士，经人介绍认识，感情迅速升温，半年后在民政局登记结婚。在婚后的第三个年头，两人频发矛盾。争吵过程中林勇甚至出手殴打李美，导致李美受伤，医院诊断其为双膝、双足多发软组织损伤。而后林勇以夫妻二人感情破裂为由向法院起诉要求离婚，被法院驳回。一年后，林勇又向法院提起诉讼，再次要求与李美离婚。在法院调查案件事实的过程中，李美提交了医院诊断书以及受伤部位照片来证明林勇曾对自己实施

家暴，并要求林勇赔偿自己的精神损失。

普法讲堂

所谓的“家庭暴力”，是指家庭生活中一方家庭成员故意以暴力方式，比如殴打、捆绑、强行限制自由等手段，给其他家庭成员的身体、精神造成伤害的行为。《民法典》第1079条规定，实施家庭暴力，调解无效的，应当准予离婚；第1091条规定，实施家庭暴力导致离婚的，无过错方有权请求损害赔偿。除了肢体层面的暴力，《反家庭暴力法》将经常性谩骂、恐吓等方式实施的侵害身体、精神的行为也界定为家庭暴力。家庭暴力危害人身健康，破坏家庭和谐。根据《民法典》的规定，家庭暴力的受害者不仅可以向法院诉请解除婚姻关系，还可以要求施暴方承担赔偿责任。

本案中，妻子李美因夫妻矛盾被丈夫林勇殴打，有照片和医疗诊断书证明其双膝、双足多发软组织损伤，因此可以认定林勇实施了家庭暴力行为。法院支持解除李美与林勇的婚姻关系，并判处林勇支付李美精神损害赔偿金。

法律链接

《民法典》第1042条、第1079条、第1091条；《反家庭暴力法》第2条

93 有效的婚姻需要满足哪些条件？

关键词：婚姻成立要件

申力与明丽相识后自由恋爱，两年后二人“修成正果”，决定去当地民

政局登记结婚。登记结婚时申力25周岁，明丽23周岁。婚后三年，申力发现明丽行踪诡异，常常深夜也不回家，每每问起原因，明丽都故意回避问题，于是申力开始关注起明丽的行踪。他发现明丽与一男子往来甚密，并当场拦截二人质问明丽该男子身份。男子自称其与明丽是夫妻关系，已于五年前登记结婚，结婚证就在二人家中，可以随时带申力去看。申力表示无法接受，立即去法院起诉，要求宣告其与明丽的婚姻关系无效。法院查明情况后，宣告明丽与申力的婚姻关系无效，并以重婚罪判处明丽有期徒刑一年。

普法讲堂

根据《民法典》第1046条的规定，结婚应当遵循婚姻自由原则，以男女双方自由意志为前提，任何组织、个人都不得加以干涉、强迫。《民法典》第1047条规定，男方的结婚年龄应不早于22周岁，女方应不早于20周岁，不符合法定年龄的婚姻无效。除此之外，《民法典》第1048条规定，男女双方不能互为直系血亲或者三代以内的旁系血亲。满足以上主客观因素之后，根据《民法典》第1049条的规定，婚姻关系的成立还需要男女双方在婚姻登记机关进行登记，否则不能成立有效的婚姻关系。

本案中，申力与明丽二人自由恋爱并登记结婚，满足《民法典》婚姻成立要件中的婚姻自由原则和法定结婚年龄，并且双方不存在禁止结婚的近亲属关系。然而最终法院根据《民法典》第1051条规定判定两人婚姻无效。《民法典》第1051条规定了三种婚姻无效的法定事由，分别为未达法定婚龄、有禁止结婚的亲属关系以及重婚。重婚即男女一方或者双方存在法定的婚姻关系，又与他人结婚或者以夫妻名义共同生活。重婚严重违背了一夫一妻制的基本原则，重婚者不仅需要承担对无过错方的赔偿责任，在分割财产时不分或少分财产，还有可能被追究刑事责任。明丽在与申力登记结婚前，已与第三方成立婚姻关系，构成重婚。因此法院宣告明丽与申力婚姻关系无效，并以重婚罪判处明丽有期徒刑一年。

法律链接

《民法典》第1046—1049条、第1051条;《最高人民法院关于适用〈中华人民共和国民法典〉婚姻家庭编的解释(一)》第7条

94 夫妻一方婚前隐瞒重大疾病，另一方可以请求撤销婚姻关系吗?

关键词：可撤销的婚姻　损害赔偿请求权

张兰和刘东在网络征婚群里相识，两人情投意合，认为遇到“真爱”，经过仅一个月的相处就相约去民政局登记结婚。婚后张兰发现刘东免疫力低下，气温轻微变化就会引起严重感冒咳嗽、淋巴发炎，且皮肤时常瘙痒，出现黑斑。张兰起初认为丈夫只是天生免疫力较低，自己用心照顾，就不会有大碍，没有在意这些症状。不久后季节更替，刘东因感冒引发持续高烧不退，且伴有淋巴肿大的症状。张兰精心照料，丈夫的病情非但没有好转，反倒越发严重，体重急速下降，精神萎靡，皮肤也出现多处溃烂。张兰见状十分担忧，将丈夫送进医院治疗。经过医生的诊断，刘东被确诊为艾滋病患者，且根据医院档案记录显示，早在与张兰结婚前，刘东就在该医院查出自己是艾滋病病毒携带者。得知这个结果时，张兰赶紧对自己进行了艾滋病排查，检查结果显示为阴性。长舒一口气后，张兰深觉刘东婚前故意隐瞒病情，欺骗了自己，因此向当地法院提起诉讼，请求撤销两人之间的婚姻关系。

普法讲堂

在登记结婚前，一方患有重大疾病的，应当如实告知对方，让对方认真考虑是否还愿意结婚。关于重大疾病的具体范围，《民法典》并无明确规定。参考《母婴保健法》第8条和第38条的规定可知，重大疾病可以是指定传染病、严重遗传性疾病和有关精神病。而指定传染病就包括艾滋病、淋病、梅毒、麻风病以及医学上认为影响结婚和生育的其他传染病。夫妻一方婚前患有重大疾病，故意隐瞒而不告知病情，侵害了对方的知情权，还有可能涉嫌欺诈、“骗婚”。根据《民法典》第1053条的规定，另一方可以向法院请求撤销婚姻。撤销婚姻关系意味着双方自始不存在有效的婚姻关系，不具有夫妻的权利和义务。同时，为了保护无过错方的合法权益，《民法典》第1054条赋予无过错方请求损害赔偿的权利。值得注意的是，为了避免婚姻关系长期处于一种不稳定的状态，请求撤销婚姻的一方应当自知道或者应当知道撤销事由之日起一年内提出，且只能通过向法院提起诉讼的方式行使。

本案中，张兰与刘东登记结婚，张兰对刘东患有艾滋病的情况并不知晓。刘东时常生病、身体不适，张兰都尽心照顾，直至刘东病情恶化严重，张兰将丈夫送到医院治疗，才得知刘东患有艾滋病。一方面，在两人恋爱至登记结婚的一个月时间里，刘东不在艾滋病发病期，张兰无从得知其身体情况。另一方面，刘东故意隐瞒了自己的病情不告知张兰，侵害了张兰的知情权。因此，张兰在法定期限内要求法院撤销婚姻，法院予以支持。

法律链接

《民法典》第1053条、第1054条；《母婴保健法》第8条、第38条

95 继子女是否应当赡养继父母？

关键词：赡养继父母义务

李蓉和卢靖在相亲角相识。李蓉离异，育有一子一女，且子女均未成年，卢靖离异，没有生育子女。两人相识后觉得相见恨晚，认为可以互相依靠，共度余生。不到半年，李蓉与卢靖登记结婚，并带着两个未成年子女住进了卢家。四口人生活美满，李蓉的未成年子女由李蓉和卢靖一同抚养，现已成年。在母亲和继父的帮助下，两人顺利大学毕业，找到了心仪的工作，能够依靠自己丰衣足食。可是好景不长，后因家庭矛盾，李蓉和卢靖天天争吵不休，最终感情完全破裂，调解不成，解除了婚姻关系。一年后，卢靖因为身体出了问题打电话给李蓉的两个子女，希望他们能够赡养自己，报答自己曾经对他们的养育之恩。可两人均称卢靖已与母亲离婚，和自己已不存在任何关系，更何况兄妹俩的生活也并不富裕，拒绝赡养卢靖。无奈之下，卢靖将二人告上法庭。

普法讲堂

"百善孝为先"，赡养老人是一项道德义务，更是每一个成年子女的法定义务。根据《民法典》第 26 条第 2 款的规定，"成年子女对父母负有赡养、扶助和保护的义务"。这里所指的父母，不仅是亲生父母，还包括养父母和继父母，即基于有效的收养关系成为被收养人的养父母或者基于婚姻关系成为配偶与其前配偶所生育子女的继父母。根据《民法典》第1072条第2款的规定，继父母和受其抚养教育的继子女间的权利义务关系，适用《民法典》关于父母子女关系的规定。如果继父母对未成年继子女承担了全部或者部分的抚养义务，就形成了事实上的抚养关系，继子女成年后，也应该履行其对继父母的赡养义务或者向继父母支付赡养费。

本案中，卢靖与李蓉结婚后成为李蓉与前夫生育的两子女的继父，其抚养两子女到成年，尽到了父亲对子女抚养、照顾、教育和保护的责任。在继父卢靖的帮助下，两人顺利毕业，能够自食其力。虽然卢靖与李蓉离婚，但是卢靖与两继子女间已经形成了抚养关系，继子女仍然负有赡养继父的责任。根据《民法典》第1072条的规定，法院最终支持卢靖的请求，要求李蓉的两子女赡养卢靖，并为其支付医疗费。

法律链接

《民法典》第26条、第1072条

96 同父母签下断绝关系协议，是否就可以不承担赡养父母的义务？

关键词：赡养义务

老杨是杨刚的父亲，老年丧偶，一直由儿子杨刚赡养。杨刚十分孝顺，为了让父亲晚年生活更舒适，他为父亲请了一名保姆丽姨照顾起居。丽姨照顾老杨十分尽心，两人日久生情，约定要共度余生。老杨通知杨刚自己将与丽姨领证结婚，杨刚得知后大为震惊，坚决反对。他先是对老杨软磨硬泡，并承诺自己将为父亲提供更好的生活条件，多花时间陪伴父亲。但是老杨已下定决心与丽姨结婚，并且瞒着儿子与丽姨领了结婚证。杨刚得知后恼羞成怒，出言不逊激怒了老杨。一气之下老杨要求与杨刚断绝父子关系，双方都在断绝父子关系协议上签字捺印，从此再不往来。一年后，老杨身体日渐虚弱，求医问诊花光了所有积蓄，走投无路找到儿子杨刚要求其尽赡养义务，被杨刚坚决拒绝。老杨无可奈何，一纸诉状将杨刚诉至法院。

普法讲堂

《民法典》第26条第2款明确规定，成年子女对父母负有赡养、扶助和保护的义务。成年子女对父母的赡养义务是一种法定义务，不得附加任何条件。不论成年子女是否与父母生活在一起，都应根据实际情况履行赡养义务。断绝关系协议人为排除了子女对父母的赡养义务，不仅违背公序良俗，而且与法律规定相悖，属于无效的民事法律行为。根据《民法典》第155条的规定，无效的合同自始没有法律约束力，可知断绝关系协议从一开始就不会产生断绝亲子关系的效果，不能作为子女不履行赡养义务的依据。

本案中，杨刚因为父亲老杨与保姆再婚，一怒之下和父亲签订了断绝父子关系协议，在父亲生病时也认为自己没有赡养义务，拒绝支付父亲的医疗费。法院根据上述条款判定该协议无效，要求杨刚支付其父的医疗费。

婚姻自由是每一个公民的权利，失去配偶的父母也依法享有再婚的权利。《民法典》第1069条规定，子女应当尊重父母的婚姻权利，不得干涉父母离婚、再婚以及婚后的生活。所谓干涉父母的婚姻，包括在经济上克扣对父母的赡养费，在人身上限制父母与准备结婚的对象见面，在精神上进行谩骂侮辱等。子女因为父母再婚而拒绝履行赡养义务的，父母可以根据《民法典》第1067条的规定，要求成年子女给付赡养费。

法律链接

《民法典》第26条、第155条、第1067条、第1069条

97 独居老人的医疗费由谁支付?

关键词:子女的赡养义务

杜红系王平等六人的生母,老伴去世后一直独自居住在甲村,身边没有子女陪伴。一天,年近七十的杜红在家中整理家务时不慎摔倒,导致下肢骨折,甲村村民委员会得知情况后将杜红送至县人民医院救治,并通知了王平等六人,六人均拒绝前来看护。由于杜红的伤势较为严重需要留院治疗,村民委员会便为杜红垫付了住院护理费、伙食费等各类费用共计41700元。出院后为了避免类似情况的发生,村民委员会将杜红送至老年公寓由专人陪护。甲村村民委员会认为其垫付的费用应由杜红的子女王平等六人承担,但六人都不愿意支付母亲的医疗费。甲村村民委员会向人民法院提起诉讼,请求王平等六人支付其垫付的41700元费用。

普法讲堂

随着社会经济的发展,大批年轻人离开家乡到外地打拼事业,留下年迈老人独自生活。“空巢”老人的赡养问题引起了社会的广泛关注。赡养是指子女为父母在经济上提供必要的生活条件,在精神上使其得以慰藉,最终老有所依、老有所养。赡养的方式可以是直接与父母居住在一起,照顾长辈的饮食起居,也可以支付赡养费的形式间接履行赡养义务。《民法典》第1067条第2款规定,缺乏劳动能力或者生活困难的父母,有要求不履行赡养义务的成年子女给付赡养费的权利。除此之外,赡养父母作为一项法定义务,不得附加任何条件,成年子女也不得以放弃继承权利或者其他任何理由拒绝履行。

如果子女不履行法定的赡养义务，被赡养人可以通过相关机关进行调解协商，也可以直接向人民法院提起诉讼主张子女支付赡养费。

王平等六人作为独居老人杜红的子女并未尽到照顾母亲的责任，并且在母亲摔伤后拒绝支付医疗费用。甲村村民委员会对杜红并无法定的扶养义务，但在赡养义务人未能履行赡养义务时，及时将杜红送至医院就医，后又将其送至老年公寓照顾，支付了其在住院和居住老年公寓期间的相关费用，承担了本应由子女承担的赡养义务。最终法院判决支持了甲村村民委员会的诉讼请求，使其有权向杜红的子女追索垫付费用，并对甲村村民委员会助人为乐、帮扶村民的善举给予了充分的肯定。

法律链接

《民法典》第 1067 条

98 离婚时，夫妻共同财产如何认定？

关键词：夫妻共同财产　夫妻个人财产

张老伯与李阿姨经人介绍认识，为使彼此的晚年生活有所依靠，二人登记结婚。两人婚前各有一套住房，婚后张老伯与李阿姨商量，将自己婚前的房屋租出去供两人日常开支，剩下的部分存入银行，两人居住在李阿姨的房子中。房屋出租了一年，共获得租金 20 万元。一年后张老伯收回了出租的房屋，以该房屋出资，投资了儿子与他人开办的公司，共获得了 30 万元的利润。一日张老伯外出遛狗，与他人发生冲突，被对方打伤住院。经过一系列的鉴定和调解，张老伯获得了 3 万元的损害赔偿金。张老伯出院后脾气变得越发暴躁，时常因为一点儿小事与李阿姨争吵不休，李阿姨忍无可忍提出和张老伯离婚。李阿姨认为房屋在婚后产生的100万元的溢价、剩余的10万元房租、30万元的投资利润、3万元的损害赔偿金以及婚后张老伯5万元的养老金都属于夫妻共同财产，要求等份分割。

普法讲堂

夫妻共同财产是指夫妻双方在婚姻关系存续期间所得的财产，夫妻双方对共同财产享有平等的处分权。《民法典》第1062条列举了夫妻共同财产的范围：（一）工资、奖金、劳务报酬，包括职工所得的福利、补贴等。（二）生产、经营、投资的收益，比如婚后一方以个人财产投资所得的收益。（三）知识产权的收益，比如稿费、专利费等。（四）继承或者受赠的财产，但是遗嘱或者赠与合同中特别规定属于夫妻一方所有的除外。（五）其他应当归共同所有的财产。前三种收益虽说是夫妻一方以个人名义获得，但个人成果的产生离不开生活中配偶的照顾与支持，因此收益所得与配偶共同所有。随着社会经济的发展，夫妻双方财产的来源越来越广，对于夫妻共同财产的范围，法条难以列举穷尽，因此规定了第五项概括性条款。

夫妻个人财产又称夫妻的特有财产，是指在夫妻共同财产之外，保留个人所有权的财产。为保护夫妻双方的个人利益，《民法典》第1063条列举了夫妻一方个人财产的范围：（一）一方的婚前财产。一般来说，婚前财产的取得与夫妻两人协力经营关联甚微，为尊重夫妻一方个人及该方家人的付出，婚前财产归个人所有。（二）一方因受到人身损害获得的赔偿或者补偿。该部分财产应被用于受害者个人的医疗和护理，与受害者的配偶无关。（三）为尊重遗嘱人和赠与人的意思表示，遗嘱或者赠与合同中确定只归一方的财产属于个人财产。（四）一方专用的生活用品。（五）其他应当归一方的财产，如军人的伤亡保险金。

在本案中，张老伯的个人房屋在婚后溢价 100 万元，属于房屋的自然增值，《最高人民法院关于适用〈中华人民共和国民法典〉婚姻家庭编的解释（一）》第 26 条规定，夫妻一方个人财产在婚后产生的收益，除孳息和自然增值外，应认定为夫妻共同财产。自然增值的 100 万元的个人资产溢价不能算作夫妻共同财产。30 万元是张老伯婚后以个人财产进行投资而产生的收益，根据《民法典》第 1062 条，投资收益属于夫妻共同财产。3 万元的损害赔偿金属于张老伯因受到人身损害获得的赔偿，主要用于张老伯护理、治疗伤口，具有人身专属性，根据《民法典》第 1063 条，属于个人财产。《最高人民法院关于适用〈中华人民共和国民法典〉婚姻家庭编的解释（一）》第 25 条规定，男女双方实际取得或者应当取得的基本养老金、破产安置补偿费属于其他应当归共同所有的财产，因此 5 万元的基本养老金属于夫妻共同财产，可以在离婚时进行分割。根据《民法典》第 1062 条的规定，剩余的 10 万元房租属于夫妻共同财产。张老伯和李阿姨在婚姻关系存续期间住在李阿姨个人所有的房屋中，李阿姨对两人共同生活的贡献更大，可以得到补偿。因此剩余的 10 万元房租，李阿姨可以多分份额。

法律链接

《民法典》第 1062 条、第 1063 条;《最高人民法院关于适用〈中华人民共和国民法典〉婚姻家庭编的解释（一）》第 25 条、第 26 条

99 遗嘱中规定由夫妻一方继承的财产，还属于夫妻共同财产吗？

关键词：夫妻共同财产　遗嘱

欧洋和韩芳结婚已经十年，两人婚后育有一子。欧洋一直有酗酒的毛病，经常喝到酩酊大醉才回家，回家后大呼小叫，对妻子韩芳辱骂不止。韩芳为了儿子一直隐忍，悉心管教儿子的同时，对双方父母尽心照顾，令欧洋的父母颇为动容。欧洋的父母再三劝说儿子欧洋尽到为人父为人夫的责任，少喝酒，欧洋不但不理会，反而愈演愈烈，甚至有一次喝到酒精中毒被送进医院。欧洋的父母担心儿子将家里积蓄全部拿去买酒喝，对妻儿不管不顾，便立下遗嘱将两人财产的三分之二留给儿媳，用于维持母子俩的生活，剩余部分归儿子个人所有。欧洋的父母逝世后，韩芳来到法院提出和欧洋离婚，并请求法院依法分割财产。欧洋认为父母的财产应该由自己继承，不应该按照遗嘱分割。

普法讲堂

根据《民法典》第1062条和第1063条的规定，在婚姻关系存续期间，因继承或赠与所得的财产属于夫妻共同财产。但是，为了尊重遗嘱人及赠与人的真实意愿，尊重其对自己财产的处分权利，遗嘱或者赠与合同中确定只归一方的财产属于遗嘱继承人或者受赠人的个人财产，而非夫妻共同财产。比如，因婆媳关系恶劣，婆婆在遗嘱中特别指出遗产只属于自己的儿子；或者因女婿嗜赌，女方父母为防止其挥霍，将遗产只留给女儿，这些情形下最终遗产都将属于夫妻一方的个人财产。

本案中，欧洋的父母因担心儿子酗酒败家，明确将遗产的三分之二留给儿媳韩芳用以维持其与孙子的生活，剩余部分留给儿子。为尊重两位老人的真实意思表示，保护韩芳母子的合法权益，法院根据《民法典》第1063条的规定，将两位老人的遗产按照遗嘱分割，不作为夫妻共同财产进行分配。

法律链接

《民法典》第1062条、第1063条

100 夫妻一方擅自转移共同财产，离婚时是否可以追回？

关键词：转移共同财产

雷玲和宋超婚后各自忙于工作，缺乏交流，常常因日常琐事争执不休，婚姻关系出现危机。分居一个月后，雷玲忍无可忍向法院起诉离婚但被驳回。事后二人感情未见好转，雷玲一年后再次向法院提起离婚诉讼，并请求法院依法分割夫妻共同财产。经过法院的调解，两人仍然僵持不下，法院认定二人感情破裂，准予离婚。在法院分割两人财产的过程中，宋超提出雷玲名下的银行卡中有一笔25万元的存款是夫妻共同财产应当等份分割，而银行流水显示该银行卡于双方分居前有一笔22万元的大额存款被转出，之后又有数笔小额存款被转出至相同账户，目前仅有200元余额。雷玲称该笔存款是其经营饭店所得收益，又称该笔存款已全部用于夫妻共同开销，后改口已用于偿还外甥女的借款。宋超始终不认可雷玲的说法，并要求分割该笔存款。

普法讲堂

婚姻存续期间的夫妻财产，归夫妻双方共同所有。为防范和制止配偶一方滥用权利侵害另一方的财产权益，切实保障夫妻双方对共同财产所享有的平等权利，《民法典》第 1092 条规定，夫妻一方有损害夫妻共同财产行为的，在离婚分割夫妻共同财产时，对该方可以少分或者不分。具体而言，夫妻一方隐藏、转移、变卖、毁损、挥霍一定份额的夫妻共同财产，或者伪造夫妻共同债务，从而使双方共同承担清偿责任以达到侵占另一方财产的目的，都算作损害夫妻共同财产的行为。需要注意的是，如果在离婚后才发现另一方有上述行为，也可以向法院提起诉讼，请求再次分割夫妻共同财产，实现对婚姻存续期间夫妻共同财产的平等保护。

本案中，雷玲称其名下银行卡中的存款是其经营饭店所得收益，是自己的收入所得。根据《民法典》第 1062 条对夫妻共同财产的规定，该笔存款应作为夫妻共同财产，在离婚时进行分割。然而在婚姻关系存续期间，雷玲将该账户内的 24 万余元转出，称该笔转款是用于家庭开销，后改口说该笔转款用于偿还外债，前后陈述明显矛盾，且并不能提供证据证明钱款的真实去向。最终法院认定雷玲存在转移、隐藏夫妻共同财产的行为。根据《民法典》第 1092 条的规定，法院支持宋超提出的分割雷玲银行卡中存款的请求，并对雷玲少分存款。

法律链接

《民法典》第 1062 条、第 1092 条

101 夫妻一方与他人基于不正当关系的赠与行为是否有效？

关键词：夫妻共同财产

蔡洋与杨凯是夫妻，一天杨凯出门应酬，在回家的路上偶遇朋友，朋友正与一位妙龄女郎李玉交谈，杨凯瞬间被吸引，对李玉一见钟情。两人全然不顾蔡洋的感受，坠入爱河，感情迅速升温。杨凯为了讨李玉欢心，经常向李玉转账并称"我的钱就是你的钱，想买什么就买什么"。隔三岔五，杨凯就会给李玉转上几千元乃至上万元人民币。一年后，杨凯决定要为李玉买房子，并迅速找到房源，签订了购房合同，用自己的工资卡支付了全款，并将购买的房屋登记在李玉名下。杨凯时常神秘消失，而且经常取走家中存款说是进行商务宴请，妻子蔡洋逐渐起了疑心。终于有一天，蔡洋发现了两人的地下情，并顺藤摸瓜查到了最近李玉多出一套房产。蔡洋要求李玉归还夫妻共同财产被拒绝。一怒之下，蔡洋将李玉告上法庭，要求李玉归还房产和平时杨凯向其转账的款项。

普法讲堂

《民法典》第 1062 条第 2 款规定，夫妻对共同财产，有平等的处理权。在对共同财产进行处分时，夫妻双方应该协商，共同作出决定。但这并不意味着任何共同财产的处分都需要经过夫妻两人的同意。换言之，因日常生活需要而进行的消费，比如买菜、购置家具等，夫妻任意一方都可以代表两人作出决定。反之，非日常生活需要的财产处分，需要夫妻两人共同作出意思表示，任何一方都不能代表另一方作出决定，否则就侵害了另一方的权益。

本案中，杨凯已婚，却与李玉发生不正当关系，并瞒着妻子蔡洋给李玉转款数万元，还用夫妻共同财产为其购置房产，严重侵害了蔡洋的合法权益。李玉明知道杨凯有家室还与其保持不正当关系，接受杨凯的转账和房产，不属于法律规定的善意第三人。此外，购置房产和大额转账均非用于杨凯和蔡洋的生活，显然不属于“日常生活需要”，必须经过夫妻二人协商，共同作出是否处分共同财产的决定。法院最终判定李玉归还全部转款和房屋。

法律链接

《民法典》第 1062 条

102 夫妻一方借款给孩子看病，是否属于夫妻共同债务？

关键词：夫妻共同债务

王爽和李小花是夫妻，王爽对李小花提出的要求都尽可能满足，两人生活十分甜蜜，于婚后第二年生育了一个儿子王笑笑。因为两人文化程度不高，收入水平有限，三口之家的生活一向拮据。为提高生活水平，王爽向好兄弟张成借款 40 万元用于投资理财，希望能一夜暴富，并承诺好友一年后归还借款。可是，收到张成 40 万元借款的当天，王笑笑在公园玩耍时不慎从滑梯上跌落，摔成重伤，右腿严重骨折。夫妻俩花光了家里的全部积蓄和王爽向张成所借的 40 万元给儿子治病。一年后借款到期，王爽不能如期偿还该笔借款。

张成多次催讨未果，将夫妻二人诉至法院，要求夫妻俩共同偿还借款。李小花以自己没有在借条上签字为由，拒绝承担还款责任。

普法讲堂

夫妻共同债务是指为满足夫妻共同生活需要所负担的债务，夫妻双方对共同债务均需要承担清偿责任。根据《民法典》第1064条的规定，夫妻双方共同签名或者夫妻一方事后追认等共同意思表示所负的债务，属于夫妻共同债务。“共债共签”的根本在于双方都明确认可债务的存在，一方面“共债共签”保护了双方的知情权和处分权，另一方面“共债共签”也为债权人举证证明债务应由夫妻双方共同承担提供了便捷。此外，个人签字但用于家庭日常生活需要的债务也属于夫妻共同债务。反之，如果以个人名义超出家庭日常生活需要所负的债务，则属于个人债务。所谓“用于家庭日常生活需要”，是指夫妻因为共同生活而产生的支出，比如购买日用品、采买食品药物、教育抚养下一代等。除此之外，如果债权人能够证明该债务用于夫妻共同生活、共同生产经营或者基于夫妻双方共同意思表示的，也属于夫妻共同债务。

本案中，王爽以个人名义向张成借款40万元，本准备用于投资理财，但因儿子王笑笑不慎受伤，遂将全部借款用于给儿子治病。抚养子女是夫妻双方共同的义务，给孩子治病的支出理应属于家庭日常生活需要。最终法院根据《民法典》第1064条判定该笔借款属于夫妻共同债务，李小花应与王爽共同承担还款责任。

法律链接

《民法典》第1064条

103 婚姻存续期间，夫妻一方是否可以要求分割财产？

关键词：财产分割请求权

杨正江和代玲结婚已近十五年，育有一子。两人共同奋斗，先后购买了两套房产，有近50万元的积蓄。一天早上，杨正江的父亲杨雄突感不适，呼吸急促，咳嗽不止，休息一阵后稍有好转。没过几天杨雄的不适症状加重，开始咯血，并伴有呼吸困难的症状，杨正江随即将父亲送往医院进行治疗，前后治疗共花费近50万元。妻子代玲从两人存款中取出30万元给公公杨雄治病，其余20万元由杨正江的妹妹支付。治疗过程中医生发现杨雄患有肺癌，经过多次会诊化疗，医生一致认为病人状况不容乐观，嘱咐杨雄要多休息，定期复查，不适随诊。杨正江向妻子提出想要卖房为父亲治病，代玲称房子要留给儿子，家中积蓄已不多，让杨正江找其妹借钱，自己不愿意再继续拿钱给公公治病。杨正江非常气恼，向法院要求分割夫妻共同财产继续为父亲治病。

普法讲堂

夫妻共同财产属于双方共有，在婚姻关系存续期间除非另有协议，否则不得分割。但是，如果一方有故意损害另一方财产权益的行为，法院可以依法进行分割。《民法典》第1066条规定了两种情形。一种情形是一方有隐藏、转移、变卖、毁损、挥霍夫妻共同财产或者伪造夫妻共同债务等严重损害夫妻共同财产利益的行为。另一种情形是一方负有法定扶养义务的人患重大疾病需要医治，另一方不同意支付相关医疗费用。为尽扶养义务，一方可以请求法院分割夫妻共同财产，为其负有法定扶养义务的人支付医疗费用。“负有法定扶养义务的人”包括由夫妻一方承担赡养义务的长辈，夫妻一方需要抚养的晚辈，也包括夫妻一方需要帮扶的平辈。

本案中，丈夫杨正江的父亲杨雄身患癌症需要花费大量医疗费进行持续的治疗，妻子代玲却拒绝用家中财产为其医治。根据《民法典》第 1066 条，一方负有法定扶养义务的人患重大疾病需要医治，另一方不同意支付相关医疗费用的，夫妻一方可以请求分割共同财产。因此法院判决支持杨正江提出的分割夫妻共同财产的请求。

法律链接

《民法典》第 1066 条

104 离婚时，夫妻共同财产如何分割？

关键词：夫妻共同财产的分割

邓勇和熊思结婚十余年，有一个 5 岁的女儿邓莹。邓勇为事业打拼，妻子熊思则主动担起“贤内助”的角色，辛苦工作的同时，还要负责照顾女儿和双方的父母。“男主外女主内”，两人的生活虽不富裕，但衣食无忧，日子过得还算是安逸。一天，女儿从幼儿园回到家，无意间提起有一个漂亮的阿姨和爸爸一起来幼儿园接她。熊思认为可能是丈夫的同事搭便车，起初并没有在意。可连续几日，女儿都提起这个漂亮阿姨和邓勇一同前往幼儿园，熊思这才觉得不对劲，开始留意起丈夫的行踪。熊思发现丈夫对他自己的手机格外留意，一有新消息就表现得很警惕，接打电话也会有意避开自己。趁邓勇睡着后，熊思偷偷翻看了丈夫的手机，发现丈夫确实和一个陌生女子关系暧昧。在熊思的再三盘问下，邓勇终于坦白自己婚内出轨的实情。熊思无法接受，向法院请求解除与邓勇的婚姻关系，要求女儿归自己抚养，并提出自己应该得到较多份额的财产。

普法讲堂

离婚标志着婚姻关系的结束，也意味着双方共同财产制度的瓦解。《民法典》第 1087 条对离婚时夫妻共同财产的处理方式作了明确规定。双方平等享有自由处分共同财产的权利，可以根据各自的意愿进行协商并达成协议。双方协商不成或者无法达成书面协议的，法院根据财产的具体情况，按照照顾子女、女方和无过错方权益的原则判决。未成年子女极易因父母离异受到不良影响，为了给予子女更多的生活保障，法院会将照顾子女作为分割夫妻共同财产的重要考量因素。另外，一方因过错，如重婚、与他人同居等导致离婚，损害家人权益，影响社会秩序，不仅需要根据《民法典》第 1091 条承担离婚损害赔偿责任，还应对其少分夫妻共同财产。

本案中，邓勇婚内出轨导致离婚，给妻子熊思和女儿邓萱造成了极大的伤害，因夫妻二人并没有就财产分割达成书面协议，法院根据《民法典》第 1087 条，遵循照顾子女、女方和无过错方权益的原则，支持了熊思分得较多财产的请求。

法律链接

《民法典》第 1087 条、第 1091 条

105 夫妻双方应该如何协议离婚?

关键词：离婚冷静期

张雅和吴承相恋半年，不顾家人反对就领了结婚证，并在婚后第二年生育大儿子吴磊，随后又生育小女儿小小。随着张雅的事业蒸蒸日上，她的应酬越来越多，事业和家庭难以两全，分给家人的时间少之又少，有时甚至忙到凌晨一两点才回家。夫妻两人交流匮乏，经常吵架生气。张雅觉得丈夫不理解自己，自己拼命工作都是为了给孩子一个更好的生活环境，吴承认为妻子完全不顾家，没有尽到一个母亲和妻子的基本责任。两人僵持不下，张雅带着儿女回到父母家居住，吴承也没有任何表示。分居一段时间后，张雅越想越伤心，写下离婚协议书要丈夫签字，吴承赌气二话不说签名捺印。两人来到民政局登记离婚，被告知需要经过 30 天冷静期才可以进行离婚登记。一周后见吴承仍不联系自己，张雅到法院提起诉讼，请求与吴承离婚。吴承在法院称自己本意并不愿意离婚，只是希望张雅能够反思，多花一点儿时间在家庭上。

普法讲堂

《民法典》第 1077 条新增“30+30”模式的离婚冷静期，规定自婚姻登记机关收到离婚登记申请之日起 30 日内，任何一方不愿意离婚的，可以向婚姻登记机关撤回离婚登记申请。前述规定期限届满后 30 日内，双方应当亲自到婚姻登记机关申请发给离婚证；未申请的，视为撤回离婚登记申请。特别应当注意的是，上述离婚冷静期制度只适用于选择协议离婚程序的当事人，也就是说如果夫妻二人共同选择通过婚姻登记机关办理离婚手续，必须经过冷静期后，才能领取离婚证，结束婚姻关系。如果夫妻之间存在《民法典》第1079条所列的情形，当事人完全可以径行诉讼离婚，第一时间得到法律的保护。由此可以看出，离婚冷静期条款的出台并没有限制离婚自由，仅是在程序上让协议离婚的时间拉长，使双方有更多的时间进行考虑，认真审视婚姻关系，离婚门槛并没有因此提高。离婚冷静期制度的实施有效减少了轻率离婚的现象。有的当事人离婚是因为感情破裂无法相处，有的当事人离婚则是不理性的选择，给双方一段时间思考是否非离不可，给草率进行离婚登记的夫妻一个挽回婚姻或者反悔的机会，能够有效避免冲动离婚。

在本案中，张雅和吴承共同生活多年且生育了两个孩子，说明双方有比较深厚的感情基础。目前双方处于离婚冷静期内，张雅称双方感情确已破裂必须离婚，但吴承对此并不认可，愿意继续维持婚姻生活，而且张雅仅是愤愤陈述，并不能提出相关证据证明两人感情确已破裂。最终，法院判决不予离婚。

法律链接

《民法典》第1077条、第1079条

106 妻子流产不足六个月，丈夫可以与妻子离婚吗？

关键词：不允许离婚的情形

刘强和石佳经好友介绍认识，在相处的过程中互相产生好感，决定登记结婚。两家人坐在一起商量二人的婚姻大事，就彩礼和聘礼的问题僵持不下，最终经双方亲戚极力说和，决定两家各出20万元给二人结婚用。婚后，两家人依然对当时彩礼和聘礼的问题耿耿于怀，常常因此产生矛盾，夫妻俩的感情也因双方父母的不和受到了影响。一天，刘强和石佳又因此事发生争吵，情绪激动的石佳推了刘强一把，刘强顺势一躲，没想到石佳重重摔倒在地，腹痛不止。刘强将石佳送至医院才发现石佳已有两个月的身孕，但因摔伤导致流产。石佳出院后心中更是怨恨刘强，拒绝与其说话，将二人家中自己的全部日常用品收拾好一并搬回了娘家。刘强见状认为夫妻感情破裂，无法再共同生活，一周后向法院提出要与妻子石佳离婚，被法院驳回。

普法讲堂

为了保护妇女、婴儿、胎儿的权益，《民法典》第 1082 条规定，“女方在怀孕期间、分娩后一年内或者终止妊娠后六个月内，男方不得提出离婚”。妇女在怀孕期间或者流产后，身体、精神都相对比较脆弱，需要得到更多的包容、照顾和保护。如果此时男方提出离婚，很容易造成妇女情绪激动，不仅会影响母亲的身心健康，还会损害胎儿的发育。另一方面，婴儿和胎儿应该得到父母双方的呵护，若夫妻此时解除婚姻关系，很有可能对其成长发育造成不良影响。需要指出的是，本条规定只是在一定期限内阻止男方向法院提出离婚请求，在法定的期限后，男方依然可以提请离婚。除此之外，如若确有必要，比如法院查明女方生育的婴儿非男方亲生子女，或者女方与他人存在不正当关系导致怀孕的，人民法院也会受理男方的离婚请求。女方在此法定期间向法院提请离婚的，或者男女双方就离婚达成协议并登记离婚的，不受该条规定的约束。

本案中，刘强与石佳因家庭琐事产生矛盾，后又因石佳意外流产导致二人分居两地，刘强认为夫妻感情确已破裂要求离婚。法院查明刘强提出离婚的时间距石佳流产尚不足六个月，根据《民法典》第 1082 条判定刘强此时提起离婚诉讼不符合法律规定，依法驳回起诉。

法律链接

《民法典》第 1082 条

107 妻子请求跟好赌丈夫离婚，法院会支持吗？

关键词：诉讼离婚

张亮和王颖都是个体经营户，经营服装店铺。两人相识于一次进货途中，王颖对张亮的生意头脑很是欣赏，多次向张亮讨教，一来二去两人有了感情，并在相识的第二年登记结婚。婚后两人将各自的店铺整合，共同经营整合的店铺，做服装生意。婚姻初期，两人感情尚可，于一年后生育了一个儿子。慢慢地，王颖发现张亮经常去赌博，对生意不管不顾，对孩子也毫不上心。王颖多次劝张亮戒赌，但是张亮对妻子的要求阳奉阴违且毫无悔改之意。二人做生意积攒的存款也被张亮输得一干二净。在一次公安巡查活动中，张亮因赌博被公安机关处以罚款和行政拘留。为了孩子的将来，王颖到法院起诉离婚，张亮坚决不同意。

普法讲堂

《民法典》第 1079 条规定了离婚的两种程序。夫妻一方提出离婚的，可以向有关组织申请调解，也可以直接向法院提起诉讼请求解除婚姻关系。这两种方式是并列存在的，供当事人自主选择，申请诉讼外调解并不是离婚的必经程序，申请了诉讼外调解的当事人依然有权向法院提起离婚诉讼。在诉讼离婚的过程中，法律规定法院必须先调解。但法院调解会充分尊重当事人的意愿，当事人不愿意和好且不同意达成调解协议的，离婚诉讼继续进行。

法院在处理离婚案件时，将“感情确已破裂”作为判决离婚的条件。所谓感情确已破裂，可以理解为根据目前夫妻双方的婚姻状态，夫妻关系难以缓和，家庭生活难以继续。《民法典》第1079条列举了感情确已破裂的五种具体情形：重婚或与他人同居；实施家庭暴力或者虐待、遗弃家庭成员；有赌博、吸毒等恶习屡教不改；因感情不和分居满二年；一方被宣告失踪，另一方提起离婚诉讼的都应当准予离婚。经人民法院判决不准离婚后，双方又分居满一年，一方再次提起离婚诉讼的，应当准予离婚。法律并不能将所有能够认定“感情确已破裂”的情形列举穷尽，有其他导致夫妻感情破裂的情形，比如两人习惯、性格不合无法共同生活且调解无效的，人民法院也可判决离婚。

本案中，张亮经常去赌博，并未尽到应尽的家庭责任。妻子王颖多次对张亮进行劝阻，张亮不但不听劝告且毫无悔改之意，给家庭生活造成了严重的不良影响。最终法院认定，张亮的赌博行为不仅使家庭财产遭受损失，而且严重影响未成年子女的健康成长。张亮有赌博恶习屡教不改，不履行家庭义务，妻子王颖对其已经完全丧失信心，家庭生活难以继续。根据《民法典》第1079条判定两人感情确已破裂，法院可以判决两人离婚。

法律链接

《民法典》第1079条

108

法院判决不准离婚后，夫妻又分居满一年的，能再起诉离婚吗？

关键词：判决离婚

周琦与吕凯是夫妻，婚后生育了儿子吕一。夫妻二人各自忙于事业，很少有时间照顾儿子吕一。周琦经常向丈夫抱怨，责怪丈夫不愿意管教儿子，吕凯却认为是周琦没有尽到做母亲的责任。家庭琐事、子女的教育问题使二人筋疲力尽，在一次激烈的争吵之后，周琦索性带着儿子搬到父母家居住。分居后不久，吕凯找到周琦，试图协商结束婚姻关系。周琦担心儿子因为父母离婚受到打击，坚决不同意离婚。协商无果，吕凯独自到法院起诉，要求解除婚姻关系。法院经过调解后，认为二人尚有重归于好的可能，判决不准离婚。两人的关系并没有因此得到缓解，周琦仍带着吕一住在父母家中，吕凯依旧忙于自己的事业对妻儿不管不顾。这样的状态持续了一年又两个月，吕凯再次找到周琦协商离婚，周琦仍旧以担心儿子因为父母离婚受到打击为由拒绝。吕凯又一次来到法院，请求解除婚姻关系。

普法讲堂

在处理离婚案件时，法院将“感情确已破裂”作为判决离婚的条件。在充分了解夫妻二人真实意愿，以及双方现实情况的基础上，如若法院认为两人之间的矛盾尚可缓和，夫妻感情极有可能重归于好，将判决不准离婚。然而在实践中，有相当一部分的夫妻被判决不准离婚后仍无法共同生活，再次起诉离婚。针对此种情况，《民法典》第1079条规定，经人民法院判决不准离婚后，双方又分居满一年，一方再次提起离婚诉讼的，应当准予离婚。这就是说，双方已经经历过一次完整的诉讼离婚程序，虽然法院认为二人感情并未完全破裂，但是夫妻仍旧无法共同生活、和谐相处。此时，任意一方提出离婚请求的，法院应当认定夫妻感情确已破裂，准予离婚。

本案中，周琦与吕凯因子女教育、家庭琐事难以共同生活，丈夫吕凯提出协议离婚遭到妻子周琦拒绝后，向法院提出离婚诉讼。法院结合当时的情况，仍然期待二人能重归于好，判决不准离婚。但事与愿违，第一次诉讼离婚后，周琦与吕凯继续保持分居状态一年又两个月，后吕凯再次提起离婚请求。虽然周琦仍旧不同意和吕凯离婚，但是法院最终根据《民法典》第 1079 条规定，准予周琦与吕凯离婚。

法律链接

《民法典》第 1079 条

109 父母离婚后，子女归谁抚养？

关键词：子女抚养　抚养费　最有利于未成年人原则

于江与王芳在婚恋网站上相识，两人在网上聊得很投缘，就相约见面。见面后，两人经过短短两个月的相处就登记结婚，婚后生育一子于伟，今年已满 7 周岁。于江与前妻生育有一女，也随于江共同生活。王芳与于江由于婚前缺乏必要的了解，婚后又因子女教育等家庭琐事常常发生争吵，王芳责怪于江没有尽到当父亲的责任，把两个孩子都扔给自己管教，两个人沟通无果，王芳带着儿子于伟在外租房居住，与于江分居。一段时间后，王芳又找到于江商谈，两人依然意见不合，争吵不休。王芳向法院起诉请求与于江离婚，并请求法院判决儿子于伟由自己抚养，于江按月支付抚养费。

普法讲堂

夫妻离异是婚姻关系的结束，婚姻契约关系的终止并不终止父母对孩子抚养、教育、保护的权利与义务。《民法典》第1084条第3款规定："离婚后，不满两周岁的子女，以由母亲直接抚养为原则。已满两周岁的子女，父母双方对抚养问题协议不成的，由人民法院根据双方的具体情况，按照最有利于未成年子女的原则判决。子女已满八周岁的，应当尊重其真实意愿。"根据第1085条规定，不直接抚养的一方也并不意味着没有抚养义务，该方应当负担全部或者部分的抚养费。负担费用的多少和期限的长短，由双方协议；协议不成的，由人民法院判决。除此之外，子女在必要时可以向父母任何一方提出超过协议或者判决原定数额的合理要求。抚养费包括子女的生活费、教育费、医疗费等费用。子女抚养的具体内容和履行方式，离异夫妻双方可以进行协商，协商不成的由法院根据实际情况判决。根据《最高人民法院关于适用〈中华人民共和国民法典〉婚姻家庭编的解释（一）》第49条和第50条的规定，抚养费应当定期给付，有条件的可以一次性给付。抚养费的数额和履行方式可以结合子女的实际需要、父母双方的负担能力和当地的实际生活水平加以确定。具体来说，有固定收入的，抚养费一般可以按其月总收入的20%—30%的比例给付；负担两个以上子女抚养费的，比例可以适当提高，但一般不得超过月总收入的50%；无固定收入的，抚养费的数额可以依据当年总收入或者同行业平均收入为基数计算；确实有特殊情况的，履行方可以适当提高或者降低比例支付。

本案中，因于江工作较忙，7岁的于伟跟随其母亲王芳生活时间较长，因此王芳对儿子承担了较多的照顾义务。如果改变于伟的生活环境，要求他跟随父亲生活，显然对于伟的健康成长不利，且于江还需要照顾其与前妻生育的女儿，并不能给于伟提供更好的抚养、教育条件。两人在离婚时没有就子女的抚养权达成协议，最终法院从有利于子女身心健康、保障子女合法权益等原则出发，将于伟的抚养权判归王芳行使，由于江每月向王芳支付月工资的 25% 作为儿子的抚养费。

法律链接

《民法典》第 1084 条、第 1085 条;《最高人民法院关于适用〈中华人民共和国民法典〉婚姻家庭编的解释（一)》第 49 条、第 50 条

110 离婚后孩子归对方，探望权该如何实现？

关键词：探望权

段成与柳一原来是夫妻，因感情不和争吵不断现已分道扬镳。他们两人在婚姻关系存续期间生育了一个女儿段彤。段成与柳一调解离婚时达成离婚协议，协议约定女儿段彤由段成监护抚养，随男方生活。在不影响孩子学习、生活的情况下，女方可随时去学校或家里探望孩子，每周周六、周日女方可以带走女儿共同生活。虽然离婚时有如上协议约定，但是段成认为柳一是乙肝病毒携带者，且居无定所，女儿与其亲近会影响身心健康，接连几周拒绝柳一探视女儿的要求，甚至阻挠柳一去学校看望女儿。柳一思女心切要求探望女儿，希望按照原来约定的方式每周周六将女儿段彤接回其住处，周日晚送回段成住处，节假日可带女儿外出探亲、旅行游玩等。

普法讲堂

《民法典》第 1086 条明确规定，离婚后，不直接抚养子女的父或者母，有探望子女的权利。探望权的行使遵从协作原则，一方行使探望权时，另一方有协助的义务。根据《最高人民法院关于适用〈中华人民共和国民法典〉婚姻家庭编的解释（一）》第 68 条规定："对于拒不协助另一方行使探望权的有关个人或者组织，可以由人民法院依法采取拘留、罚款等强制措施，但是不能对子女的人身、探望行为进行强制执行。"探望的方式、时间由当事人协议，协议不成的，可以由人民法院综合实际情况判决。此外，如果探望权的行使不利于子女身心健康，人民法院将依法中止或者限制探望，直至不利情况消除。例如，父母一方患精神性疾病、传染性疾病，存在吸毒、暴力行为等。

本案中，柳一和段成已经就探望权行使的方式、时间达成了协议，柳一虽为乙肝病毒携带者，但日常接触并不会影响段彤身体健康，让子女多接触亲生父母有利于未成年人的身心健康，同时亦可满足父母双方对子女的关心爱护等情感需要。段成再三阻挠柳一探望女儿段彤的做法于法无据。最终法院判定柳一可以按约定行使探望权。

法律链接

《民法典》第 1086 条；《最高人民法院关于适用〈中华人民共和国民法典〉婚姻家庭编的解释（一）》第 68 条

111 全职主妇的家务劳动补偿该如何实现？

关键词：家务劳动补偿

朱阳与刘晓经人介绍相识，而后确立恋爱关系并登记结婚。婚后朱阳发现自己怀孕，家人为了让朱阳安心养胎，劝说她辞去工作，在家里好好休养，这期间家中的开销全由刘晓负责。大儿子出生一年后，朱阳再次怀孕，为了顺利生二孩，朱阳继续留在家里，照顾儿子等待生产。待二胎女儿出生后，朱阳希望外出谋职，但是丈夫刘晓称不希望她太辛苦，况且儿子女儿都年幼，需要母亲陪伴，希望朱阳留在家里照顾孩子、父母。就这样，朱阳一直在家照顾子女起居上学，侍奉两家的老人，所有生活费由刘晓工作赚取。随着孩子长大，教育问题成为两个人矛盾的导火索，夫妻二人天天在家里争吵不休。朱阳埋怨刘晓工作太忙不顾家，疏于对自己和孩子的照顾，刘晓抱怨朱阳不够体贴自己工作辛苦。刘晓后来出轨他人，并与其同居，不再回家居住，给朱阳精神上造成极大痛苦，导致夫妻感情破裂。朱阳诉至法院，请求判决离婚，并要求刘晓对自己支付家务劳动补偿。

普法讲堂

家庭需要经营，大多家庭都会出现夫妻一方承担更多家务劳动的情况。该方当事人因对家庭的贡献，牺牲了自己的职业发展机会，导致自己经济收入较少甚至没有收入。为了保护家庭付出者的合法权益，《民法典》第1088条规定，承担较多家务劳动的夫妻一方，在离婚时享有家务劳动补偿请求权。所谓家务劳动补偿，是指在婚姻家庭关系存续期间，因抚育子女、照料老年人、协助另一方工作等承担了较多的家庭义务，在离婚时可以要求对方进行经济上的补偿。补偿的具体方式由双方协商，可以在协议离婚中达成，也可以在诉讼离婚中确定。协商不成的，由人民法院根据实际情况作出最终判决。

本案中，朱阳因孕育子女、侍奉老人而辞去工作，使包括丈夫刘晓在内的所有家庭成员都受到照顾。尽管朱阳对家中经济收入的贡献不大，但是其对家庭生活稳定幸福的奉献，远远大于丈夫刘晓。而丈夫刘晓婚内与他人同居，严重违背了其与朱阳间的夫妻忠实义务，法院判决二人离婚。对于朱阳在离婚时提出的家务劳动补偿的请求，法院也予以支持。因为二人并没有就该补偿达成协议，最终的补偿金额由法院结合朱阳的家庭付出程度确定。

法律链接

《民法典》第 1088 条

112 夫妻一方婚内出轨，另一方在离婚时是否可以主张赔偿？

关键词：离婚损害赔偿

许明与谢花结婚已十五年，先后育有大儿子许大和小儿子许二，十五年中丈夫因工作原因常常出差在外，夫妻二人因此时常闹小矛盾，但是家庭生活也算是融洽。有一天家中来了一位不速之客，称自己已与许明领证结婚，请求谢花和许明办理离婚手续，将许明让给自己。谢花一直信任丈夫在外务工养家，但丈夫竟然是在外与他人结婚生活。被丈夫欺骗，谢花感到悲痛愤恨，一连几天将自己反锁在房间里不吃不喝，成日以泪洗面，最后晕倒在家中。几周后，在两个儿子的支持下，谢花一纸诉状将许明告到法院，请求法院判决二人离婚，由自己抚养孩子，许明支付抚养费，并且要求分割夫妻共同财产，要求许明赔偿自己的精神损失。

普法讲堂

《民法典》第 1091 条规定了离婚损害赔偿，因一方存在过错导致离婚，且使另一方受到身体、物质或精神上的损害，无过错方有权请求损害赔偿。这体现了法律对弱者的保护，对过错方施以惩罚。需要注意的是，并不是所有过错行为都能主张损害赔偿，法律将该行为限定在重婚，与他人同居，实施家庭暴力，具有虐待、遗弃家庭成员行为或有其他重大过错。此外，离婚损害赔偿请求权不能单独提出，只能与离婚诉讼一并提起，否则法院不予支持。如果最终的法院判决是不准离婚，离婚损害赔偿请求也不会得到支持。

本案中，许明婚内出轨，与他人登记结婚，构成重婚，严重违背了一夫一妻的基本原则和夫妻间的忠实义务，根据《民法典》第 1079 条的规定，经调解无效，应当准予离婚。谢花得知丈夫在外又结婚的真相后痛苦不已，受到极大的精神打击后抑郁不振，严重影响了自身身体健康，因此许明的行为造成了谢花身体和精神上的双重损害。最终法院支持了谢花的离婚损害赔偿请求。

法律链接

《民法典》第 1079 条、第 1091 条

113 想要收养子女，自身需要满足什么条件？

关键词：收养人条件

袁丽和刘正婚后生活富裕，已生育了一个女儿。两人求“子”心切，决定再收养一个男孩，延续香火。袁丽听说，远在农村老家的表妹小红因家庭贫寒希望送养自己的儿子壮壮，袁丽夫妇立马赶回老家打听情况。经过几天的相处，夫妻俩对小男孩壮壮十分喜爱，决定收养壮壮。与表妹夫妻签订送养协议后，一同办理了收养登记。一年后，小红夫妻反悔，希望要回儿子壮壮，被袁丽和刘正拒绝。小红夫妻打听到袁丽和刘正有一个亲生女儿，遂以此为由诉至法院，要求解除袁丽和刘正夫妻与壮壮的收养关系。

普法讲堂

收养是在收养人与被收养人之间建立起一种亲子关系，收养应当坚持最有利于被收养人的原则，因此收养人应当达到法定条件才具有收养资格。《民法典》第 1098 条、第 1100 条规定，收养人应当同时满足五个条件。其一，年满 30 周岁。一般而言，收养人只有在达到一定年龄时，才可能为被收养人提供较好的生活条件，才有更为成熟的心智抚养、教育被收养人。其二，无子女或者只有一名子女。如果家中子女过多，每个未成年人受到的照顾必然会减少，反而不利于亲生子女和被收养人的健康成长。已有两个及以上子女的家庭不再具有收养资格。但华侨收养三代以内旁系同辈血亲的子女，收养孤儿、残疾未成年人或者儿童福利机构抚养的查找不到生父母的未成年人可以不受《民法典》第 1098 条第 1 项规定的限制。其三，有抚养、教育和保护被收养人的能力。具体来说就是收养人有固定的收入来源，有一定的文化水平，有保护被收养人的人身安全、财产权益的能力。其四，未患有在医学上认为不应当收养子女的疾病。收养人的健康状况直接影响着其对被收养人的抚养能力，如果收养人患有传染性疾病，或者因疾病导致身体孱弱而无法很好地照顾被收养人，就应当认定收养人不具有收养的资格。其五，无不利于被收养人健康成长的违法犯罪记录。具体而言，“不利于被收养人健康成长的违法犯罪”主要是指与未成年人相关的犯罪，比如收养人曾经拐卖、猥亵未成年人的，为了防患于未然，应当剥夺其收养的权利。

本案中，袁丽和刘正只生育了一个女儿，具备收养人的资格。二人与壮壮的生父母签订了送养协议，并且办理了收养登记，成立了合法有效的收养关系。法院判定不能解除袁丽和刘正夫妻与壮壮的收养关系。

法律链接

《民法典》第 1098 条、第 1100 条

第六章

继承编

114 遗腹子成活十天后死亡，是否享有继承权？

关键词：宣告死亡 继承开始的时间 胎儿预留份

李清、赵明两人新婚燕尔、举案齐眉。然而好景不长，一天赵明乘坐某国际航班返程，飞机起飞后不久即与地面失去联络，自此杳无音讯。半年后，李清因悲伤过度早产一男婴，男婴存活十天后不幸夭折。在苦苦寻找丈夫三年未果后，李清决定接受现实，开始新的生活，遂到法院申请宣告丈夫死亡。在与公婆协商分割丈夫名下的一套房屋及十余万元遗产时，双方对男婴是否应分得遗产发生分歧，几经协商不成后，李清诉至法院，请求依法对赵明遗留的财产进行分割，并主张继承男婴应得的遗产份额。

普法讲堂

胎儿无法独立保护自己的利益，易受他人的侵害，是典型的弱势群体。为此，《民法典》贯彻以人为本的立法理念，在胎儿出生前，即赋予其继承遗产、接受赠与等权利能力，为胎儿利益提供最大保障。具体而言，《民法典》第 16 条规定，“涉及遗产继承、接受赠与等胎儿利益保护的，胎儿视为具有民事权利能力”，可参与继承和接受遗赠。同时，《民法典》第 1155 条及《最高人民法院关于适用〈中华人民共和国民法典〉继承编的解释（一）》第 31 条规定了“遗产分割时，应当保留胎儿的继承份额”的胎儿预留份制度。如果胎儿娩出时是死体的，保留的份额由被继承人的其他继承人继承；如果胎儿出生后死亡的，则保留的份额由其法定继承人继承。据此，如果胎儿出生时是活体，则依法享有继承权，其出生后是否存活在所不论。

上述案例的争议焦点就在于男婴是否享有法定继承权。由于继承开始的时间是确定继承资格和遗产范围的标准，这里首先需要确定赵明遗产继承开始的时间。根据《民法典》第 1121 条第 1 款及《最高人民法院关于适用〈中华人民共和国民法典〉继承编的解释（一）》第 1 条第 2 款的规定，继承从被继承人死亡时开始，其中既包括自然死亡，也包括被继承人依照《民法典》总则编的规定被宣告死亡。上述案例中，赵明是因意外事件下落不明被宣告死亡，意外事件发生之日应视为其死亡的日期，因此遗产继承开始于赵明乘坐航班失联之日，此时男婴尚在母体中，依法应当为其保留继承份额。由于男婴出生时为活体，又在继承开始后、遗产分割前死亡，因此为其保留的应继份额应当由其法定继承人——母亲李清继承。最终，法院判决赵明的遗产均分为四份，由其父母各自继承 1/4，妻子李清继承 1/4，其遗腹子继承 1/4；遗腹子的遗产份额由其法定继承人李清继承。

胎儿的继承权是法律强制赋予的权利，被继承人在订立遗嘱时须注意保留胎儿应继承的份额，“应当为胎儿保留的遗产份额没有保留的，应从继承人所继承的遗产中扣回”；若没有遗嘱，则应当按照《民法典》第 1155 条及《最高人民法院关于适用〈中华人民共和国民法典〉继承编的解释（一）》第 31 条第 2 款的规定，在遗产分割时为胎儿保留应继份额，待其出生时继承。若胎儿娩出时为死体的，则该份额由被继承人的继承人继承。

法律链接

《民法典》第 16 条、第 48 条、第 1121 条、第 1155 条；《最高人民法院关于适用〈中华人民共和国民法典〉继承编的解释（一）》第 1 条、第 31 条

115 被继承人留遗嘱，同居伴侣能否参与分配抚恤金？

关键词：遗产范围 抚恤金 丧葬费

李雷与妻子唐莹育有李小山、李小海、李小可、李小平四个子女。2007年至2009年期间，儿子李小海、妻子唐莹相继去世。2010年，李雷聘请保姆韩梅梅照顾其生活起居，两人日久生情，于2011年起共同生活，但未办理结婚登记手续。2014年，李雷立下一份自书遗嘱，载明其去世后名下房产由李小可、李小平二人平均继承，银行存款及单位发放的抚恤金等其余财产由李小可、李小平、韩梅梅三人平分。2021年年底，李雷病逝。韩梅梅、李小可、李小平三人共同操办了丧葬事宜，并领取了抚恤金、丧葬费等共计24万元，之后按照遗嘱内容进行了分配，其中李小平分得12万元（含处理后事费用6万元），李小可、韩梅梅各自分得6万元。长子李小山未参与料理任何后事，亦未领到抚恤金，为此愤愤不平，提出扣除为父亲办理后事的费用后，剩余的抚恤金理应由子女平分，而韩梅梅作为一个外人，却与李小可、李小平二人在其不知情的情况下，擅自处理了这笔抚恤金，遂将三人诉至法院。

普法讲堂

《民法典》第1122条对遗产范围进行了概括式规定："遗产是自然人死亡时遗留的个人合法财产。依照法律规定或者根据其性质不得继承的遗产，不得继承。"其中，"根据其性质不得继承的遗产"即包括了具有人身专属性的离退休金和养老金、因公伤残抚恤金，但上述案例中的抚恤金并不在此列。司法实践中一般认为，自然人死亡时由单位核发的抚恤金和补助费，并不是对死者的经济补偿，而是给予死者家属的精神安慰和物质帮助，因此抚恤金不属于遗产，而是被继承人死亡后的家庭共有财产。根据《最高人民法院关于适用〈中华人民共和国民法典〉继承编的解释（一）》第26条的规定，遗嘱人以遗嘱处分了他人财产的，应当认定该部分遗嘱无效。因此，本案中，李雷在遗嘱中对抚恤金、丧葬费所作的处分无法发生法律效力，对于这部分财产，应当按照家庭共有财产重新分配。而对于抚恤金的分配，可以参照法定继承份额来确定，在扣除丧葬事宜支出后，原则上在第一顺序继承人之间均等分配，同时根据继承人尽扶养义务的情况、与被继承人关系的亲疏和共同生活的紧密程度合理分配。韩梅梅并非被继承人的亲属，故无权参与抚恤金的分配；而李小山作为长子，既未出现在遗嘱中，也未参与后事料理，可见其与被继承人之间的感情更为疏远，故应酌情少分。最终，法院判决李小山、李小可、李小平各自分得抚恤金4万元、7万元、7万元，由韩梅梅向三人分别返还4万元、1万元、1万元。

公民的私有财产权和继承权受法律保护，继承及共有法律关系最大限度尊重被继承人处分遗产的自由，也充分保护继承人继承遗产的权利。本案中，尽管被继承人的遗愿十分明确，希望对陪伴和照顾自己的伴侣予以物质回报，但却因抚恤金不是遗产，加之双方未及时确立夫妻关系，导致伴侣无法分得抚恤金。这一方面启示我们，设立遗嘱之前，务必梳理各项财产的性质，确保遗嘱所处分的财产属于遗产范围；另一方面，同居伴侣并非法定继承人，如双方确有长期共同生活的意愿，应及时办理结婚登记手续，方能得到法律保护。

法律链接

《民法典》第1122条、第1130条；《最高人民法院关于适用〈中华人民共和国民法典〉继承编的解释（一）》第26条

116 独居老人将家产遗赠给居委会，“失联”子女能否争继承？

关键词：遗赠扶养人的范围　遗赠扶养协议效力优先

家住江苏无锡的老耿在邻居眼中是个孤僻的“怪老头儿”，没听说过他有妻儿老小。2003 年，时年 78 岁的老耿开始为自己的养老问题发愁，想到平时居委会对自己照顾有加，于是在征得居委会同意后，双方签订了一份《处理意见》，约定由居委会给老耿养老送终，老耿的财产在其寿终后由居委会处置。之后的 18 年里，居委会定时定员上门帮扶，每月给生活费，免费看病诊治，逢年过节给生活补助和慰问品，还出钱给老耿安置了大房子住。2021 年，老耿身体状况大不如前，经其同意后，居委会支付费用将他送到附近养老院安享晚年。数月之后，96 岁的老耿在养老院去世，居委会花费近 6 万元为其办理了丧事。没过多久，四个自称是老耿子女的人从天而降，说要继承老人留下的现金和房产，居委会告知四人老耿生前已将遗产留给了居委会处置，四人则提出《处理意见》通篇没有“遗赠”“扶养”等关键词，不能算作遗赠扶养协议，遗产应由四人继承。为妥善处理纠纷，居委会起诉到法院，请求确认老耿的遗产归居委会所有。

普法讲堂

遗赠扶养协议制度是在总结农村地区“五保”制度的基础上发展起来的一种遗产处理方法，以此为孤寡老人解决养老问题提供法律依据。按照《民法典》第 1158 条的规定，自然人可以与继承人以外的组织或者个人签订遗赠扶养协议，指定将自己的遗产赠送给扶养人，由扶养人承担遗赠人生养死葬的义务，且第 1123 条及《最高人民法院关于适用〈中华人民共和国民法典〉继承编的解释（一）》第 3 条均确认了遗赠扶养协议的效力优于遗嘱继承和法定继承。本案中的《处理意见》从形式上看虽然未注明为“遗赠扶养协议”，但从实质内容来看，双方权利、义务约定明确，应认定其本质上是一份合法有效的遗赠扶养协议。居委会在签订协议后的 18 年里为独居的老耿安置了住处并设专人看护、为老人垫付医疗费用、送其至养老院安享晚年，并在老人去世后承担了丧葬费用，种种生活上的照料和精神上的关爱都表明居委会已经尽到了妥善扶养老耿的义务。此外，遗赠扶养协议的效力优先于法定继承，居委会依法享有受遗赠的权利，因此法院最终判决《处理意见》有效，老耿留下的财产归居委会所有。

《民法典》完善了遗赠扶养协议制度，适当扩大了扶养人的范围，明确了继承人以外的组织或者个人均可以作为扶养人，在承担生养死葬义务之时享有受遗赠的权利。这一方面是对老年人自身意愿的尊重，另一方面也为养老产业的未来发展预留了空间，体现出法律对实现“老有所养”目标的积极助力。

法律链接

《民法典》第 1123 条、第 1158 条；《最高人民法院关于适用〈中华人民共和国民法典〉继承编的解释（一）》第 3 条

117 老人去世后留下一纸遗愿，到底是家书还是遗嘱？

关键词：自书遗嘱　遗嘱的形式瑕疵　放弃继承　接受遗赠　转继承

两位老人傅明和刘晨生前留下一纸遗愿，粗略浅读像家书，细品深究又

像遗嘱，儿子傅小元和养女刘小倩缘何为此对簿公堂呢？原来，这封特殊的家书除记述家长里短、嘱咐儿女要珍惜情谊外，还表达了傅明和刘晨处置名下房产的遗愿，姐弟二人围绕家书的法律效力和房产继承方式各执一词、寸步不让。据悉，该房产虽登记在傅明和刘晨名下，但购房时二老出款 80000 元，儿子傅小元和儿媳吴小桐出款 76000 元，于是两位老人在家书中交代自己出款的 80000 元平分给儿女，房屋产权就归儿子和儿媳所有。此外，二老在家书落款处分别签名并加盖了印章，刘小倩则在家书复印件上写下了“已收到肆万元人民币，刘小倩”。傅明、刘晨和吴小桐相继去世后，傅小元欲将父母所留房产过户到自己名下，与姐姐多次协商无果后，只好诉至法院，请求按家书内容开始继承。

普法讲堂

本案的争议焦点在于家书是否属于一份有效的遗嘱。遗嘱是自然人生前依法对个人合法财产作出处分的意思表示，属于要式法律行为，因此除了必须符合民事法律行为成立的实质要件外，还必须符合法定的形式要件才合法有效。但司法实践中，因遗嘱人年龄、法律意识、文化水平等实际情况的限制，往往出现形式不规范的“瑕疵”遗嘱，例如自书遗嘱未必都被冠以“遗嘱”的名称。针对遗书中包含遗嘱内容的情况，《最高人民法院关于适用〈中华人民共和国民法典〉继承编的解释（一）》第 27 条规定“自然人在遗书中涉及死后个人财产处分的内容，确为死者的真实意思表示，有本人签名并注明了年、月、日，又无相反证据的，可以按自书遗嘱对待”。结合本案来看，被继承人所写家书主要载明了涉案房产在其死亡后的产权归属问题，且写有二人签名及日期，因被继承人为不具备法律专业知识的老年人，该份家书形式上的瑕疵不应对遗嘱的实质效力产生影响，故法院认定家书实质上属于体现傅明、刘晨生前对其遗产处分意愿的自书遗嘱，涉案房产应当据此处理。

家书内容是否生效同时涉及了接受遗赠和放弃继承的认定问题。根据《民法典》第1124条第2款的规定，“受遗赠人应当在知道受遗赠后六十日内，作出接受或者放弃受遗赠的表示；到期没有表示的，视为放弃受遗赠。”由于儿媳吴小桐并非法定继承人，故其受领二老的房产属于接受遗赠。根据《最高人民法院关于适用〈中华人民共和国民法典〉继承编的解释（一）》第38条的规定，“继承开始后，受遗赠人表示接受遗赠，并于遗产分割前死亡的，其接受遗赠的权利转移给他的继承人。”因此，吴小桐所享有的50%房产份额在其去世后发生转继承，由其丈夫和女儿依法均等分配。相反，刘小倩在知晓家书内容及吴小桐占有使用房产的情况下，在签字收款后至诉讼前并未提出过异议，根据《最高人民法院关于适用〈中华人民共和国民法典〉继承编的解释（一）》第33条，“继承人放弃继承应当以书面形式向遗产管理人或者其他继承人表示”。因此，刘小倩签字收款的行为应认定为放弃法定继承权、认可了家书内容。综合以上事实，法院最终判决涉案房产由傅小元及其女儿分别按照75%和25%的份额继承。

法律链接

《民法典》第1124条、第1134条；《最高人民法院关于适用〈中华人民共和国民法典〉继承编的解释（一）》第27条、第33条、第38条

118 儿子虐待父亲后悔过，还能继承遗产吗？

关键词：继承权的丧失事由　继承人宽恕制度

黄立与妻子梁静牵手走过半生，膝下育有一儿黄小东、一女黄小夕，眼

看儿女都到了成家立业的年纪，老两口以为会这样岁月静好下去，不料梁静先走一步，于2013年因病去世。2016年起，退休后的黄立主动承担起照看小孙女的“差事”，平日里倒也父慈子孝。不成想，2017年的一天，黄立与儿子因小孙女教育问题发生争吵，冲动之下黄小东殴打黄立致其鼻骨骨折、耳膜穿孔，经社区工作者调解后父子二人重归于好。2019年黄立生病住院期间，黄小东多次至医院照顾父亲，并主动承担了大部分医疗费，父子关系因此得以修复，黄立曾当着女儿的面表示：一家人打断骨头还连着筋呢，以后我不在了，你们兄妹要相亲相爱。2021年年初黄立去世，未留下遗嘱，其名下有坐落于南京市鼓楼区的房屋一套，以及退休金和银行存款若干。后黄小夕诉至法院，请求确认黄小东丧失继承权。

普法讲堂

继承权的丧失是指在发生法定事由时，取消继承人继承遗产的资格。这一制度的目的在于通过制裁突破道德底线、破坏继承关系的行为，维护家庭伦理和继承秩序，保障遗嘱人的遗嘱自由。同时，对于实施了不法行为的继承人事后确有悔改表现，并且获得了被继承人宽恕的情形，《民法典》增设“宽恕制度”给予此类继承人改过自新的机会，并不绝对剥夺其继承权，从而形成了兼具法律刚度与温度的继承权丧失规则，更好地体现了《民法典》维护和谐家庭关系、切实尊重被继承人意愿的宗旨。

具体而言，《民法典》第1125条区分规定了导致继承权绝对丧失和相对丧失的事由：（1）故意杀害被继承人。这里的故意杀害，不论动机是否为争夺遗产，也不论是否既遂。（2）为争夺遗产而杀害其他继承人。（3）遗弃被继承人，或者虐待被继承人情节严重。这里的情节严重并不限于被追究刑事责任，而是主要从实施虐待行为的时间、手段、后果和社会影响等方面认定。（4）伪造、篡改、隐匿或者销毁遗嘱，情节严重。（5）以欺诈、胁迫手段迫使或者妨碍被继承人设立、变更或者撤回遗嘱，情节严重。上述事由中，前两种属于继承权的绝对丧失事由，就算被继承人不计前嫌，以遗嘱指定由该继承人继承遗产，其他继承人也可以请求确认遗嘱无效。第三种至第五种属于继承权的相对丧失事由。一方面，这些行为需要达到情节严重的程度才导致继承权丧失；另一方面，如果继承人确有悔改表现，且被继承人表示宽恕或者事后仍在遗嘱中将其列为继承人，则其继承权并不丧失。上述案例中，黄小东虽存在虐待被继承人情节严重的情形，但双方经调解和好，且黄小东在被继承人患病以后承担了主要赡养义务，应当认定其确有悔改表现并得到被继承人宽恕，故法院最终判决黄小东并未丧失继承权，由兄妹二人共同继承遗产。

法律链接

《民法典》第 1125 条；《最高人民法院关于适用〈中华人民共和国民法典〉继承编的解释（一）》第 6 条、第 7 条、第 8 条、第 9 条

119 不孝的亲子和尽孝的继子，谁优先继承遗产？

关键词：夫妻共有财产的继承　法定继承人的范围和顺序　法定应继份的确定

徐老太 1963 年与刘老伯（1984 年去世）结婚，育有两子一女：刘大、刘二和刘三妹。刘老伯去世、子女均成家后，徐老太与陈老伯于 1999 年登记结婚，陈老伯有一子小陈（当年 12 岁）。婚后，徐老太与陈老伯先后自建和购买了两处房产。后陈老伯、徐老太相继去世，均由小陈养老送终。徐老太去世后，

刘大、刘二和刘三妹就两套房产的分割问题与小陈发生纠纷，诉至法院。承办法官通过多次走访，查明：徐老太在刘老伯去世后，抚养三个孩子长大至其成家立业，但两个不孝儿子对其态度极为恶劣，非但不给吃住，儿媳还随意谩骂。徐老太改嫁陈老伯后，刘大、刘二对其更是彻底不闻不问。在陈老伯病故后，多年来小陈夫妇一直悉心照料徐老太，并承担了徐老太所有的生活和医疗费用。女儿刘三妹曾于母亲住院期间短暂照顾，平日里偶有探望，但从未承担徐老太的任何生活费用。徐老太病故后，其后事也由小陈独自出钱料理。

普法讲堂

根据《民法典》第 1127 条的规定，婚生子女和有扶养关系的继子女同为第一顺序继承人，因此，本案中徐老太的继子小陈与亲生子女刘大、刘二、刘三妹依法享有平等的继承权。但同一顺序继承人继承遗产的份额并不绝对均等，还应当重点考量继承人履行扶养义务的程度，这一理念体现在《民法典》第 1130 条第 3 款、第 4 款："对被继承人尽了主要扶养义务或者与被继承人共同生活的继承人，分配遗产时，可以多分。有扶养能力和有扶养条件的继承人，不尽扶养义务的，分配遗产时，应当不分或者少分。"结合本案来看，小陈对继母尽了几乎所有的赡养义务，理应多分遗产；刘三妹履行了部分赡养义务，但其程度比之小陈显然较轻，应当少分遗产；而刘大、刘二在经济上、劳务上、精神上均未履行赡养义务，甚至存在虐待母亲的行为，应当不分遗产。此外，本案还涉及共有财产的继承问题。对此，《民法典》第 1153 条规定："夫妻共同所有的财产，除有约定的外，遗产分割时，应当先将共同所有的财产的一半分出为配偶所有，其余的为被继承人的遗产。遗产在家庭共有财产之中的，遗产分割时，应当先分出他人的财产。"案涉房产由徐老太和陈老伯婚后共同自建和购买，应当认定为夫妻共有财产，陈老伯去世时，应当先将房产的一半分出为徐老太所有，其余一半份额由小陈和徐老太依法共同继承，故徐老太对两套房屋共享有

3/4的份额，该部分房屋产权即为徐老太的遗产范围。综合以上事实，法院最终判决两套房屋归小陈所有，由小陈向刘三妹支付遗产份额归并款15万元。

“羊有跪乳之恩，鸦有反哺之义”，赡养父母不仅是中华民族的传统美德，更是子女对父母应尽的法定义务。子女作为法定的第一顺序继承人当然地享有法定继承权，同时也负有赡养老人的法定义务。本案判决将遗产继承挂钩赡养义务，在肯定小陈多年来的扶养付出、传递法律温情的同时，也警示不尽孝道的第一顺序继承人，不能有“权”任性。

法律链接

《民法典》第1127条、第1130条、第1153条;《最高人民法院关于适用〈中华人民共和国民法典〉继承编的解释（一）》第19条

120 孤寡老人留下房产，侄子有权继承吗?

关键词: 侄甥代位继承制度　法定继承人的范围

2011年，家住上海市虹口区的王阿婆安然离世，享年92岁。由于老人终身未婚，膝下无儿无女，父母早已离世，仅有的一个弟弟也已入土为安，而且王阿婆生前也未立下遗嘱，按照当时《继承法》的规定，老人走后遗留的房产既不能适用遗嘱继承，也无法定继承人可以继承。至此，王阿婆的遗产散落在外长达九年。直到《民法典》即将施行之际，王阿婆的侄子王老先生来到虹口区人民法院，请求代位继承姑妈名下的房屋。工作人员与当事人取得联系后，王老先生表示案涉房屋即将拆迁，希望尽快解决纠纷，确定权属。经过多次沟通释法后，2021年1月4日，王老先生与其兄、妹在调解员的组

织下达成调解方案。由于姑妈晚年由王老先生一人照顾，兄、妹二人体谅王老先生这些年的辛苦付出，主动放弃了遗产继承权，同意由王老先生一人继承姑妈名下的房产并当场签订了调解协议。王老先生最终顺利继承姑妈的房屋遗产，不仅多年心结得以解开，手足之情也得以维系。

普法讲堂

代位继承是法定继承制度的一种特殊情形，指继承人先于被继承人死亡时，由继承人的直系晚辈血亲代替原继承人获得相应的遗产份额。在《民法典》颁布以前，代位继承人仅限于被继承人的子女。也就是说，子女在被继承人之前死亡的，由孙子女、外孙子女作为第一顺序继承人参与法定继承，这是代位继承的典型形态。

但是，随着社会变迁，倒金字塔式的家庭结构变得常见，个人财产“后继无人”的现象时有发生。上述案例中，如果王阿婆的遗产最终无人继承，将依法收归国家或者集体所有，这一结果未必符合逝者的真实意愿，也与国家保护个人合法财产的立法理念不符。为了应对现代社会婚育观念、家庭结构的变迁，《民法典》第1128条增加规定了一种代位继承类型，即被继承人没有配偶、父母、子女作为第一顺序继承人时，如果兄弟姐妹先于被继承人死亡，则由兄弟姐妹的子女代位继承。这一规则主要解决的问题是，被继承人在没有其他更亲近亲属的情形下，由侄子女、外甥子女成为其法定继承人以继承其遗产。因此，允许被继承人的甥侄代位继承，实际上扩大了法定继承人的范围，为个人财产在血缘家族内部流转提供了更多可能，体现了国家不与民争利的理念。从长远来看，代位继承范围的扩展也有利于引导旁系亲属之间养老育幼、互济互助，对于解决不婚主义者等群体的养老继承问题具有前瞻性意义。

法律链接

《民法典》第1128条;《最高人民法院关于适用〈中华人民共和国民法典〉继承编的解释(一)》第17条

121 家底丰厚，四世同堂，如何确保身后财产跨代传承、保值增值？

关键词：遗嘱信托

叶女士现年60岁，曾是国内某大型国企高管，现已退休。叶女士与配偶周先生育有一子一女，女儿周洁，现为某上市公司高管，生活优渥，奉行不婚主义。儿子周伦，无固定收入，育有一女周小雨，尚未成年。周小雨聪明伶俐，被叶女士视若掌上明珠。叶女士母亲仍健在，但年事已高，主要依靠叶女士赡养。叶女士名下有两套房产，现金1000余万元，为避免发生意外导致继承纠纷，叶女士希望订立遗嘱实现以下目的：第一，将大部分财产供孙女出国深造，并支持其未来生活；第二，为儿子提供稳定的物质保障，使其居有定所；第三，由于女儿工作繁忙，叶女士希望儿子在自己身故后照料老太太，负担生活费、医疗费等支出；第四，防止儿子、孙女挥霍财产或者未来婚姻变动导致财富流失。深谋远虑的叶女士当即向律师咨询立遗嘱事项，经验丰富的律师告诉她：由于其诉求包括了财产跨代传承、长期资金保障、养老、风险防范等多重目的，单凭一份简单的遗嘱很难实现。最终，在律师的协助下，叶女士选择通过设立遗嘱信托的方式实现财富规划目的。

普法讲堂

随着个人财富的增长以及社会老龄化程度的加速，大众的财产传承需求更加多元。例如上述案例中，叶女士设立遗嘱的目的已不再是简单的遗产分配，而是希望通过相应继承制度的安排和设计，让财富得到更加个性化和稳妥的分配，为家族未来发展发挥多重作用，此时遗嘱信托就成为实现财富传承的一项重要选择。《民法典》适时回应了社会现实需求，在继承编当中增加了关于遗嘱信托的规定，为民众提供了遗嘱继承、遗赠以外的另一种遗产处理方式。

遗嘱信托，是指委托人通过遗嘱的方式，将全部或部分财产设立信托，在委托人去世后，受托人依据遗嘱要求，为指定的受益人或者委托人的其他特定目的管理和处分财产。一份有效的遗嘱信托，应当同时符合《信托法》和《民法典》继承编的规定。一方面，就形式要件而言，遗嘱信托应当采用书面形式，并且符合公证遗嘱、自书遗嘱、代书遗嘱各自的特殊要求。另一方面，遗嘱信托还应当同时满足遗嘱和信托的实质要件：首先，委托人和受托人均为完全民事行为能力人，且遗嘱信托应体现双方真实意思表示；其次，应当写明合法的信托目的；再次，应当写明信托财产的范围，且该财产必须为立遗嘱人合法所有；最后，还应当写明受益人及其取得信托利益的形式和方法。遗嘱信托生效后，受托人即应履行《信托法》规定的信义义务，为受益人的最大利益管理和处分信托财产。

遗嘱信托的上述特点决定了其能够更加灵活地解决财富传承问题，充分实现设立人的意思自治，并且通过受托人的介入可以弥补继承人理财能力的不足，减少遗产分配纠纷的发生，防范遗产因挥霍、侵吞而流失，从而保障个人财产在身故后也能得到妥善管理和分配。从长远来看，遗嘱信托入典也有利于社会财富的增长和信任关系的建立。

法律链接

《民法典》第 1133 条

122 受遗赠人不履行遗嘱所设定的义务，应当如何处理？

关键词：附义务的遗赠　接受遗赠

上海某禅寺方丈弘印法师一向乐善好施，感念于平日寺里香火不断，法师在山下小镇购买了一套近 300 平方米的房屋，取名为“素宅”，专门提供给附近食素的特困老人居住，让这些老人安度晚年。两年后，法师立下遗嘱，载明身故后该房产留给其大徒弟圆真，同时要求不得改变“素宅”专为附近食素的特困老人居住这一用途，直至这些老人去世。弘印法师圆寂后，圆真依遗嘱接管了“素宅”，在最初的几年里倒还能按照师父遗愿善待这些老人。直至周边房价大涨，利欲熏心的圆真将“素宅”中的老人全部遣散，出租房屋赚取利润。弘印法师的两位子女得知后，将圆真告上法庭，要求取消其对该套房屋的受遗赠权，由两位子女共同继承。

普法讲堂

《民法典》第 1133 条第 3 款规定：“自然人可以立遗嘱将个人财产赠与国家、集体或者法定继承人以外的组织、个人。”如果遗嘱中同时要求受遗赠人需要履行特定义务才能无偿取得遗赠财产，即为附义务的遗赠。对于附义务遗赠的特殊效力，《民法典》第 1144 条规定：“遗嘱继承或者遗赠附有义务的，继承人或者受遗赠人应当履行义务。没有正当理由不履行义务的，经利害关系人或者有关组织请求，人民法院可以取消其接受附义务部分遗产的权利。”

上述案例中，弘印法师立遗嘱将个人房产赠与大徒弟圆真，同时要求其维持房屋供养老人的用途，即属于附义务的遗赠。根据《民法典》第 1124 条第 2 款的规定，“受遗赠人应当在知道受遗赠后六十日内，作出接受或者放弃受遗赠的表示；到期没有表示的，视为放弃受遗赠。”由于圆真在师父去世后，按照遗嘱内容立即接管了“素宅”，应视为其以行为表明接受了遗赠，因此圆真依法应当履行维持“素宅”供养老人的用途义务却不履行的行为，已经构成对遗赠所附义务的违反。根据《最高人民法院关于适用〈中华人民共和国民法典〉继承编的解释（一）》第 29 条的规定，“附义务的遗嘱继承或者遗赠，如义务能够履行，而继承人、受遗赠人无正当理由不履行，经受益人或者其他继承人请求，人民法院可以取消其接受附义务部分遗产的权利，由提出请求的继承人或者受益人负责按遗嘱人的意愿履行义务，接受遗产”。据此，法院最终确认取消圆真的受遗赠权，并依法判决由弘印法师的两位子女继承案涉房屋，同时负责继续管理“素宅”，维持房屋用途，善待此前居住其中的老人，实现弘印法师扶弱济贫的遗愿。

法律链接

《民法典》第 1124 条、第 1133 条、第 1144 条；《最高人民法院关于适用〈中华人民共和国民法典〉继承编的解释（一）》第 29 条

123 打印遗嘱有法律效力吗?

关键词:打印遗嘱的形式要件

刘大妈是村里远近闻名的女强人,老伴儿走得早,一双儿女全靠她一人拉扯大不说,由她牵头张罗的村集体企业也办得有声有色。2019 年,操劳一生的刘大妈因病去世。外孙陈小飞拿出一份遗嘱,载明刘大妈名下的村集体股份及分红由其一人继承。该遗嘱形式为打印件,在立遗嘱人签名处写有“刘大妈(代)”几个大字,旁边摁有指印,下有手写的年、月、日;另有两位律师在见证人一栏的手书,但未写明日期。陈小飞称该指印是刘大妈本人在立遗嘱现场所按,“刘大妈(代)”和年、月、日等手书由陈小飞妻子杨小娜事后补写。此外,两位律师见证人提供了一份刘大妈立遗嘱现场的视频、一份律师事务所次日出具的见证书,但视频只显示刘大妈在遗嘱上按了指印,两位见证人从始至终均未出现。针对这份遗嘱的真实性,刘大妈的儿子吴小波提出质疑,请求法院确认遗嘱无效。

普法讲堂

遗嘱承载了遗嘱人的遗产传承意愿,为确保遗嘱人在世间的最后一个意思表示得以还原和实现,法律规定了严格的遗嘱形式要件。而当键盘、电脑成为日常书写工具,《民法典》也与时俱进地回应社会需求,将打印遗嘱作为法定的遗嘱形式予以规定。此外,《最高人民法院关于适用〈中华人民共和国民法典〉时间效力的若干规定》第 15 条还规定了打印遗嘱的效力可溯及适用《民法典》的规定。也就是说,即使《民法典》施行前订立的打印遗嘱,只要遗产尚未处理完毕，都应该按照《民法典》的规定来认定遗嘱效力。打印遗嘱的特殊之处在于其并不强调立遗嘱人或代书人必须当场订立遗嘱，这一方便灵活的特点同时也决定了确保打印遗嘱内容真实性的必要。为此,《民法典》第1136条特别规定了打印遗嘱的形式要件:“打印遗嘱应当有两个以上见证人在场见证。遗嘱人和见证人应当在遗嘱每一页签名，注明年、月、日。”这一规定主要为确保遗嘱人完全理解并确认打印好的遗嘱内容，且见证人在场全程见证了遗嘱人确认遗嘱的过程。只有同时符合这两个条件，打印遗嘱才能被认定为合法有效。

上述案例的争议焦点即在于打印遗嘱的效力认定，对此，应当溯及适用《民法典》关于打印遗嘱的规定。由于遗嘱人刘大妈没有在遗嘱上签名，现有证据也不能证实其在立遗嘱时委托了杨小娜代其签名，故杨小娜的行为构成无权代理。而两位见证人既未在遗嘱上写明年、月、日，也未在视频中展现出肖像，加之律师事务所的见证书也并非在立遗嘱的现场形成，以上情形均无法证实见证人在立遗嘱的现场同步进行了见证活动。此外，案涉录制视频由于没有记录见证人在刘大妈按指印前向其宣读遗嘱内容，因此无法证实刘大妈对打印的遗嘱内容完全知悉并理解。综合上述事实，法院最终判决该遗嘱因不符合打印遗嘱的法定形式要件而无效。

法律链接

《民法典》第1136条;《最高人民法院关于适用〈中华人民共和国民法典〉时间效力的若干规定》第15条

124 用手机录制的视频遗嘱是否有效？

关键词：录音录像遗嘱的形式要件　遗嘱见证人　遗嘱无效的后果

从校服到婚纱，那是爱情的模样；从初遇到白首，那是爱情更美的样子，但故事的结局并非总是如此完美。杨小康与穆小慈曾是同学眼中天造地设的一对才子佳人，两人携手从校园走入婚姻，婚后恩爱如初，育有一子小杨。不料，2020年12月，杨小康在一次体检中查出患有肝癌，随即入院治疗至2021年1月19日出院，出院记录显示其身体状况为：……基本不能言语，不能进食……精神不振，神志淡漠，反应迟钝……2021年1月21日，杨小康遗憾离世。后事刚了，杨母将儿媳诉至法院，请求依法分配儿子杨小康的遗产。庭审中，穆小慈向法院出具了一段手机拍摄视频，拍摄时间为2021年1月17日20点30分。经当庭播放，视频内容为杨小康表示其名下遗产由妻、儿各自继承一半，但视频影像极不稳定，杨小康语速迟缓且不连贯。据悉，该视频由穆小慈使用其手机拍摄，拍摄地点为杨小康所在病房，另有一名病友和一名护工在场，其中护工出镜表示听到了杨小康的陈述，但该病友并未在视频中出现。

普法讲堂

由于录像遗嘱在设立便捷的同时，也容易被伪造或者篡改，《民法典》第1137条对其做了严格的形式要求。据此，订立一份有效的录像遗嘱应当注意以下几点：一是制作录像遗嘱时，必须有两个以上见证人在场见证。见证人少于两人的，录像遗嘱无效；见证人属于《民法典》第1140条规定的三类人员之一的，录像遗嘱也会被认定无效；此外，见证人必须亲自参与录像遗嘱制作的全过程。二是遗嘱人和见证人必须在录像中记录其姓名或者肖像。如果录像遗嘱制作过程中虽然有两个见证人在场，但在录像中记录其姓名或肖像的见证人只有一人，那么该录像遗嘱仍会被认定无效。另外，在录像遗嘱中记录姓名或者肖像的人员有两类——遗嘱人和见证人，缺一不可。三是遗嘱人和见证人必须在录像中记录年、月、日。遗嘱的设立时间是判断遗嘱真实性与有效性的重要因素，因此，法律规定遗嘱人和见证人必须在录像过程中以口述或者其他方式表明遗嘱设立的时间。

上述案例的争议焦点即在于穆小慈提交的视频能否被认定为一份合法有效的遗嘱。经查证，法庭认为根据《民法典》第1137条，该视频属于录像遗嘱，但是录像中记录的见证人只有一人，且见证人未在录像过程中说明遗嘱设立的时间，无法证实有两位见证人参加了该录像遗嘱制作的全过程；而遗嘱人的口述部分音质不清晰，视频影像亦不稳定，以上情形均不符合录像遗嘱的形式要件。此外，根据《民法典》第1143条以及《最高人民法院关于适用〈中华人民共和国民法典〉继承编的解释（一）》第28条的规定，遗嘱人立遗嘱时必须具有完全民事行为能力。结合出院记录对杨小康身体和精神状况的记载，其录制视频时是否具有遗嘱能力存疑，故亦不符合遗嘱的实质要件。综合以上事实，该视频不能认定为一份合法有效的录像遗嘱。根据《民法典》第1154条第4项的规定，遗嘱无效部分所涉及的遗产，应当按照法定继承办理，故法院最终判决对杨母的诉讼请求予以支持。

法律链接

《民法典》第1137条、第1140条、第1143条、第1154条；《最高人民法院关于适用〈中华人民共和国民法典〉继承编的解释（一）》第28条

125 偏心母亲将遗产留给儿子，残疾女儿无人养，这份遗嘱有效吗？

关键词：共有财产的继承　必留份制度　遗嘱自由的限制

53岁的张兰离异多年，无儿无女，孤苦伶仃。2016年的一场车祸导致张兰三级残疾，多年来她只能靠领取微薄的低保勉强生活。张兰父母共生育了三个子女，分别为大女儿张兰、二女儿张梅、小儿子张松。张兰父母生前在兰州市城关区有一套住房。2006年，张兰父亲因病去世，其遗产没有办理继承。2021年6月，张兰的母亲去世，老太太生前曾立下遗嘱，表示其去世后，一套房屋以及其名下的所有资金财产全部由张松继承。母亲后事刚了，张松就急着要求按照遗嘱继承遗产。张兰提出异议，认为自己作为残疾人，没有劳动能力，也没有生活来源，对母亲的遗产理应享有继承权。姐弟为此大吵大闹，张兰向人民法院提起了诉讼。

普法讲堂

《民法典》第1141条规定了必留份制度对遗嘱自由加以限制，即“遗嘱应当为缺乏劳动能力又没有生活来源的继承人保留必要的遗产份额”。必留份制度旨在保护没有劳动能力又没有生活来源的继承人，保障其基本生活。其适用主体必须满足两个条件：一是属于法定继承人；二是缺乏劳动能力又没有生活来源，对此应当按遗嘱生效时该继承人的具体情况确定。这里的“缺乏劳动能力”是指继承人不能依靠自己的劳动取得必要收入以维持自己的生活；“没有生活来源”则是指继承人没有固定的工资、没有稳定的经济收入，无法有效地从他人处或社会获取必要的生活资料。此外，《最高人民法院关于适用〈中华人民共和国民法典〉继承编的解释（一）》第 25 条第 1 款进一步明确了“应留未留”的处理规则：“遗嘱人未保留缺乏劳动能力又没有生活来源的继承人的遗产份额，遗产处理时，应当为该继承人留下必要的遗产，所剩余的部分，才可参照遗嘱确定的分配原则处理。”本案中，张兰符合上述必留份的适用条件，而其母亲在遗嘱中本应依法为其保留必要的份额却没有保留。因此，应当先从遗产中留出必留份。

本案同时还涉及共有财产的继承问题。根据《民法典》第 1153 条的规定，“夫妻共同所有的财产，除有约定的外，遗产分割时，应当先将共同所有的财产的一半分出为配偶所有，其余的为被继承人的遗产。遗产在家庭共有财产之中的，遗产分割时，应当先分出他人的财产。”案涉住房作为张兰父母共同所有的财产，在父亲死亡后，其所有的 1/2 房产份额应由张兰母亲、张兰、张梅、张松依法共同继承，故张兰母亲仅有权处分属于其个人所有的 5/8 房产份额。根据《最高人民法院关于适用〈中华人民共和国民法典〉继承编的解释（一）》第 26 条以及《民法典》第 1154 条第 4 项的规定，遗嘱人以遗嘱处分了他人财产的，应当认定该部分遗嘱无效，遗嘱无效部分所涉及的遗产按照法定继承办理。因此，法院综合考量被继承房屋的具体情况、张兰的实际生活需要以及兰州市的基本生活水平等因素，最终判决：张松向张兰支付补偿款 10 万元作为遗嘱中遗产总额的扣减部分，案涉房屋由张兰、张梅、张松共同继承，继承后，张松享有 6/8 产权份额，张兰、张梅各占该房屋 1/8 产权份额。

法律保护民事主体以遗嘱形式处分身后财产的自由，但遗嘱自由应受公序良俗和法定必留份制度的限制，从而平衡遗嘱人的遗嘱自由、法定继承人的利益及公共利益。因此，遗嘱人在订立遗嘱时，不能完全从个人好恶出发，或者是基于重男轻女的思想，在立遗嘱时任意取消部分法定继承人的继承权，将对亲属应负的责任推向社会，否则可能导致遗嘱无效。

法律链接

《民法典》第1141条、第1153条、第1154条；《最高人民法院关于适用〈中华人民共和国民法典〉继承编的解释（一）》第25条、第26条

126 婆婆留下两份遗嘱，市值千万的房产到底该归谁？

关键词：不同形式遗嘱的效力认定　遗嘱的撤回、变更

张女士的婆婆有四个孩子，丈夫是婆婆唯一的儿子。2016年，张女士的丈夫因病去世，张女士独自承担起照顾未成年儿子和年迈婆婆的重担。日子过得虽然辛苦，但是儿子的懂事和婆婆的疼爱让张女士感到非常欣慰。在丈夫去世前，婆婆就曾提出，想将自己名下唯一的房产留给孙子，并在2019年孙子生日时，亲笔写下遗嘱交由张女士保管。据悉，婆婆名下的这套房产位于北京西单附近，是一套面积一百多平、市值估价1000多万元的房产。该房产曾经是一套公租房，在公公去世后，婆婆全款将其买下。2021年6月，婆婆去世，张女士本想着凭手里的遗嘱将房屋过户到儿子名下，谁知就在这时，丈夫的三个姐姐也拿出一份公证遗嘱，该份遗嘱由老太太于2014年9月立下，内容为四个子女平均享有房屋产权份额。争执中，大姐恶语相向，提出这套房产理应还有父亲的份额，如今弟弟已经去世，平分已经是可怜他们孤儿寡母了。想着平日里自己含辛茹苦照顾婆婆，三个姐姐却从来不闻不问，气不过的张女士一纸诉状将姐姐们告上法庭。

普法讲堂

针对现实生活中经常出现的同一遗嘱人立有多份遗嘱的情形，原《继承法》曾经规定以最后一份为准，但如有公证遗嘱，则以公证遗嘱为准。这就导致遗嘱人需要改变公证遗嘱内容时，可能因客观条件无法到公证处订立新的公证遗嘱，最终无法按照其心愿变更遗嘱。为满足人民的现实需求，保障遗嘱人的真实意愿得以实现,《民法典》不仅取消了公证遗嘱效力优先的规定，还规定遗嘱人立有数份遗嘱，内容相抵触的，以最后的遗嘱为准；增加了遗嘱形式，让遗嘱订立和修改更加灵活多样，有效保障遗嘱人的遗嘱自由。

具体而言,《民法典》第 1142 条规定：“遗嘱人可以撤回、变更自己所立的遗嘱。立遗嘱后，遗嘱人实施与遗嘱内容相反的民事法律行为的，视为对遗嘱相关内容的撤回。立有数份遗嘱，内容相抵触的，以最后的遗嘱为准。”该条明确了公证遗嘱与其他形式的遗嘱效力等同，而不再赋予其优先效力，故数份遗嘱的效力认定应结合遗嘱形成的时间，审查遗嘱的形式要件和实质要件，以切实尊重遗嘱人的真实意思。上述案例中，两份争议遗嘱所涉房产系由张女士的婆婆独自出资购买，属于老太太的个人财产，其有权对房屋全部所有权进行处分。因此，两份遗嘱的内容虽截然不同，但都是遗嘱人设立遗嘱时的真实意思表示，应视为老太太以设立时间在后的遗嘱撤回了在先的遗嘱。由于孩子的三个姑姑拿出的遗嘱是老人 2014 年 9 月立下的，而张女士手上的遗嘱设立于 2019 年，因此，应以张女士手上的这份遗嘱为准，由张女士的儿子继承老太太的房产。

法律链接

《民法典》第 1142 条

127 债务人突然病逝，后继无人的房产该找谁过户？

关键词：遗产管理人制度

老孔生前系百草村村民。2017 年，老孔身患重病住院医治。由于老孔一直没有结婚，也没有孩子，村委会便安排了人员照顾老孔。为筹集医疗费，老孔在 2017 年 1 月 5 日与阿贵签订《房屋买卖协议》，约定将其所有的房屋卖给阿贵。然而不幸的是，老孔两天后因治疗无效去世，留下了还没过户的房子和一些其他财产。同年，因征地建制调整，百草村村民委员会变更为百草居民委员会。由于老孔去世，又无继承人，阿贵虽然已经住进了房子，但多年来一直无法办理过户手续。四处奔波无果，阿贵便找到了曾经照顾老孔的百草居民委员会。百草居民委员会也是一头雾水，表示虽然知道老孔与阿贵买卖房屋的情况，想帮忙却不知从何下手。无奈之下，阿贵于 2021 年 1 月将百草居民委员会起诉至法院，请求指定其作为遗产管理人，协助办理过户手续。

普法讲堂

在被继承人死亡后、遗产分割前，遗产往往处于无人管理的状态，很难妥善地处理、分配遗产，特别是在无继承人的情况下，被继承人的债权如何主张、债务如何履行，都需要法律提供解决方案。为确保遗产得到妥善管理、顺利分割，更好地维护继承人、债权人利益，《民法典》第 1145 条至第 1149 条增加规定了遗产管理人制度，明确了遗产管理人的产生方式、职责、法律责任和报酬请求权等内容。所谓遗产管理人，即在继承开始后、遗产分割前，负责处理涉及遗产有关事务的人。其中，《民法典》第 1145 条、第 1146 条规定了遗产管理人的多种选任方式：继承开始后，遗嘱执行人为遗产管理人；没有遗嘱执行人的，继承人应当及时推选遗产管理人；继承人未推选的，由继承人共同担任遗产管理人；没有继承人或者继承人均放弃继承的，由被继承人生前住所地的民政部门或者村民委员会担任遗产管理人。对遗产管理人的确定有争议的，利害关系人可以向人民法院申请指定遗产管理人。对于遗产管理人应当履行的职责，《民法典》第 1147 条规定有清理遗产并制作遗产清单，向继承人报告遗产情况，采取必要措施防止遗产毁损、灭失，处理被继承人的债权债务，分割遗产等与管理遗产有关的必要行为。

上述案例中，由于老孔没有继承人，其生前住所地的民政部门或村民委员会可担任遗产管理人。百草居民委员会系老孔生前所在村委会改制而成，其作为基层组织兼具社区服务职能，与老孔生前联系密切，同时对本案事实较为清楚，能更好地履行遗产管理人职责，故法院对阿贵申请指定百草居民委员会担任老孔遗产管理人的请求应当予以确认。而协助原告阿贵办理房屋过户手续属于老孔生前遗留的债务，是遗产管理人应当履行的法定职责。故法院最终判决由百草居民委员会担任老孔的遗产管理人，协助阿贵办理房屋过户手续。

法律链接

《民法典》第 1145—1149 条

128 借款人突然去世，究竟是“人死债清”还是“父债子还”？

关键词：被继承人债务的清偿

2020年林涛通过朋友认识了胡飞，后胡飞做服装生意需要资金，分三次向林涛借款3万元、6万元和9万元，约定借款利率分别为月息5%、3%、3%。2020年9月20日，胡飞为林涛出具收据一份，载明“今借到人民币叁万元，月息5分，收款人胡飞”；2020年10月1日，胡飞为林涛出具借条一份，载明“今借到林涛现金陆万元，月息3分”；2020年10月18日，胡飞为林涛出具借条一份，载明“今借到林涛现金玖万元，月息3分”。之后胡飞一直没有偿还借款。2021年7月胡飞因病去世，林涛诉至法院，请求胡飞的继承人妻子程灵、儿子胡小宝、女儿胡小蝶清偿被继承人胡飞生前债务。法院查明，胡飞与妻子程灵有祖宅9间、轿车1辆（已由被告胡小宝折抵价款25000元购车）。胡飞的第一顺序继承人仅有被告程灵、胡小宝、胡小蝶三人。庭审中，原告林涛称上述借款均以现金方式交付胡飞，三被告则辩称对上述借款事实均不知情，胡飞既然已经去世，则应当“人死债清”，其债务与自己无关。

普法讲堂

我国有一句老话，叫作“父债子还”，这一民间的传统观念是否符合法律规定，应区分不同的情形，如果仅是因为父亲没有偿还能力，要求子女偿还父债，是没有法律依据的，不应支持；如果父亲去世，那么作为继承人的子女，则有义务在取得父亲的遗产范围内偿还父债。对于被继承人的债务清偿，《民法典》继承编采取概括继承原则，继承人继承被继承人遗留的财产，在取得财产权利的同时也应当承受财产义务，即清偿被继承人的债务。所谓被继承人的债务，是指被继承人生前以个人名义欠下的，完全用于其个人需要或其他依法应当由其本人承担清偿责任的债务。具体而言，《民法典》第1161条、第1163条规定了遗产债务清偿的处理规则：继承遗产应当清偿被继承人依法应当缴纳的税款和债务，缴纳税款和清偿债务以被继承遗产的实际价值为限，超过遗产实际价值部分，继承人自愿偿还的不在此限。继承人放弃继承的，对被继承人依法应当缴纳的税款和债务可以不负偿还责任。而对于同时存在法定继承、遗嘱继承和遗赠的情形，则先“由法定继承人清偿被继承人依法应当缴纳的税款和债务；超过法定继承遗产实际价值部分，由遗嘱继承人和受遗赠人按比例以所得遗产清偿”。这一规定体现了权利与义务相一致的法律原则，既保护被继承人生前债权人合法的债权利益，也维护继承人和受遗赠人的继承权利。

上述案例中，林涛主张的借款本息即属于被继承人胡飞生前所欠债务，根据《民法典》第1161条的规定，胡飞的妻子和儿女作为第一顺序继承人，应当在所得遗产实际价值范围内偿还被继承人的债务。

法律链接

《民法典》第1161条、第1163条

第七章

侵权责任编

129 楼上漏水到楼下新房，该由谁来赔偿?

关键词：过错责任

刚搬进402室的刘英和楼上502室的陈方是上下楼邻居关系。一天，刘英发现家里卫生间房顶漏水，向物业公司报修，工作人员发现是楼上502室卫生间漏水所致，但因陈方在外出差，无法立即维修。在此期间，402室的客厅和卫生间的墙全部被水渗透，墙皮起泡发霉。等陈方出差返回后，物业工作人员才进入502室维修。物业工作人员给502室的卫生间做了新的防水措施，闭水试验之后没有漏水。不料第二天，刘英家的卫生间房顶又漏水了。刘英认为自己房屋受损主因是楼上卫生间漏水，而物业在处理过程中有过失，二者都应对造成的财产损失进行赔偿，故将陈方和物业公司诉至人民法院要求排除妨害，解决漏水问题并赔偿损失1500元。法院经审理认为，根据双方陈述漏水事实及维修过程，可以推定402室卫生间房顶漏水系因502室卫生间下水管漏水所致，陈方对502室房屋负有维护管理的义务；物业公司在维修时没有彻底查找漏水原因，没有采取有效维修措施根治漏水，导致损失扩大，二者对因漏水造成的刘英的财产损失，应当承担相应的民事责任，最终法院根据查明的事实和双方的过错程度判决物业和陈方各承担50%的责任，各赔偿刘英750元。

普法讲堂

过错责任是侵权责任的一般条款，是指行为人造成损害并不必然承担侵权责任，还要看其是否有过错。《民法典》第1165条第1款规定："行为人因过错侵害他人民事权益造成损害的，应当承担侵权责任。"该条确定了过错责任的一般条款。行为人承担侵权责任，须满足如下要件：一是行为人实施了某一行为，包括作为和不作为，侵权责任大多是因为行为人的作为产生的，但不作为侵权也很常见，是由于行为人应当履行某种法定义务而未履行产生不作为侵权；二是行为人有过错，包括故意和过失，在过错责任原则中，过错是确定行为人承担侵权责任的核心要件；三是受害人的民事权益受到损害，即要求有损害后果，此外损害不仅包括现实损害，还包括构成现实威胁的不利后果；四是行为人的行为与受害人的损害之间有因果关系。

在上述案例中，首先，陈方因自家房屋防水措施没有做好导致漏水至楼下，给楼下业主造成损失，属于行为人实施了加害行为。其次，陈方作为房屋的所有权人及维护管理人具有过错，其具有防止漏水的注意义务，当房屋存在防水问题，包括疏忽大意忘关水龙头导致漏水等情形时应及时采取补救措施。同时，物业公司在维修过程中也有过错，单个业主可以委托物业公司对自己所有的小区建筑物专有部分提供维修养护等服务，因此物业公司对于物业范围内的业主共有部分，应当定期巡检，发现问题及时维修、更换，业主委托维护的专有部分，物业公司也应积极主动维修和养护，在处理不是物业负责范围内的工作时，应积极协助解决问题。再次，楼下业主的民事权益受到损害，其房屋客厅和卫生间墙皮起泡发霉，给其造成损失。最后，漏水业主的行为、物业疏于管理的行为与楼下业主的损害之间有因果关系，陈方是因为自家房屋防水措施不当才导致漏水至楼下。因此，楼上业主的行为满足一般侵权责任的构成要件，其应对楼下业主进行赔偿。当然，被漏水住户也应当在第一时间对珍贵财产进行抢救，及时止损，对发生的财产损失情况做好证据保全，不要盲目地进行维修，以免扩大财产损失范围或者导致财产损失无法确定。

法律链接

《民法典》第1165条

130 老伯扑到行驶的车下被轧死，谁之过？

关键词：受害人故意

一日下午，司机张亮驾驶货车行驶至某十字路口时，一直坐在路边的老伯王平突然起身，扑倒在货车右侧车底。结果货车的右后轮碾压过王平的头部，王平当场死亡。交警部门出具《道路交通事故认定书》，认定王平承担此次交通事故的全部责任，张亮无责任。事故发生后，王平的家属诉至法院，要求张亮承担损害赔偿责任。司机张亮称，事发时自己是按交通规则行驶的，且当时已经注意到王平坐在路边，为安全起见，其采取了减速措施缓慢行驶，是王平趁车辆拐弯时突然钻进车底的。法院认为，该交通事故系王平的故意行为造成，其应对自身危险行为导致的损害后果承担相应的法律责任。

普法讲堂

受害人故意造成损害，是指受害人明知自己的行为会发生损害自己权益的后果，而希望或者放任此种结果的发生。受害人故意包括直接故意和间接故意。《民法典》第1174条规定："损害是因受害人故意造成的，行为人不承担责任。"行为人之所以免责，是因为损害完全是受害人故意造成的，即受害人故意的行为是其损害发生的唯一原因，其既适用于过错责任，同时也适用于无过错责任。

在上述案例中，事发时的视频监控显示，王平在事故发生前 30 多分钟坐在事发路口路边，且一直未离开，货车前轮已经驶过后，王平突然起身，双手向前伸直，扑倒在正在行驶的货车车底。王平作为具有完全民事行为能力的成年人，应当知道坐在机动车道路边的行为本身就存在引发交通事故的隐患，且应当能够预见突然扑向正在行驶中的货车车底具有的高度危险性，但其仍然实施了上述一系列行为，可见其主观上存在制造交通事故或放任交通事故发生的故意。《道路交通安全法》第 76 条第 2 款规定："交通事故的损失是由非机动车驾驶人、行人故意碰撞机动车造成的，机动车一方不承担赔偿责任。"因此，该事故系王平的故意行为造成，其应对自身危险行为导致的损害后果承担相应的法律责任。

法律链接

《民法典》第 1174 条;《道路交通安全法》第 76 条

131 男子和邻居打架致其受伤，赔偿范围该如何确定？

关键词：人身损害赔偿范围

一日，张平将自己的面包车停到了邻居李峰的家门口，遭到李峰的反对，李峰要求张平立即将其面包车挪走。张平心生不满，认为他已经将车停放了 3 天，一直没有人通知他此处禁止停车，遂与李峰理论，两人随即发生争执，且情绪十分激动。后李峰便将张平推倒在地，对其大打出手。张平受伤后被送至某医院治疗，经诊断为 L1 椎体爆裂性骨折，进行了 L1 椎体骨折切开复位 RSS 内固定术，于两周多后出院，共计住院 19 天。半个月后，张平又在某医院进行L1椎体骨折术后、左肱骨外侧髁骨折术后内固定取出术，共计住院11天。张平因治疗共产生医疗费合计49331.37元，住院伙食费700元，后张平通过居民医疗保险报销16063.09元。经委托，某司法鉴定中心出具司法鉴定意见书，鉴定意见为：张平腰1椎体粉碎性骨折，椎管内骨性占位构成人体损伤9级伤残；建议误工期限以180日为宜，护理期限以90日为宜，营养期限以90日为宜。张平起诉至人民法院，请求判令李峰承担赔偿责任。最终法院判决，该次争执两人都具有过错，李峰承担70%责任，张平承担30%责任，李峰赔偿张平伤后损失177007.80元、精神损害抚慰金7000元，合计184007.80元，扣除已支付的6000元，还需支付178007.80元，于判决发生法律效力之日起10日内付清。

普法讲堂

人身损害赔偿是指行为人对侵犯他人的生命健康权益致伤、致残、致死等后果，承担金钱赔偿责任的一种民事法律救济制度。侵犯他人生命健康权造成人身损害的一般赔偿范围是指造成人身损害一般都要赔偿的项目，凡是有一般赔偿范围内所列的费用支出，行为人均应赔偿。《民法典》第1179条规定："侵害他人造成人身损害的，应当赔偿医疗费、护理费、交通费、营养费、住院伙食补助费等为治疗和康复支出的合理费用，以及因误工减少的收入。造成残疾的，还应当赔偿辅助器具费和残疾赔偿金；造成死亡的，还应当赔偿丧葬费和死亡赔偿金。"该条所列举的一般赔偿范围内的赔偿项目仅是几种比较典型的费用支出，但实践中并不限于这些赔偿项目，只要是因为治疗和康复所支出的合理费用，都可以纳入一般赔偿的范围，但前提是合理的费用才予以赔偿。因此，一般赔偿范围包括医疗费、护理费、交通费、营养费、住院伙食补助费等为治疗和康复支出的合理费用。同时，《最高人民法院关于审理人身损害赔偿案件适用法律若干问题的解释》从第6条起规定了各种费用的范围以及计算标准。

在上述案例中，医疗费包括挂号费、检查费、药费、治疗费、康复费等费用，张平因治疗共产生医疗费合计 49331.37 元。住院伙食费是受害人遭受人身损害，在医院治疗期间支出的伙食费用，在上述案例中，住院伙食费共花费 700 元。护理费是指受害人因受到损害导致生活不能自理，需要有人进行护理而产生的费用支出，以受害人不能自理或不能完全自理为前提，在上述案例中，护理期限以 90 日计。营养费是受害人通过平常饮食的摄入尚不能满足受损害身体的需求，以平常饮食以外的营养品作为对身体补充而支出的费用，在上述案例中，营养期限以 90 日计。误工费是指受害人由于受到伤害，无法从事正常工作或者劳动而失去或者减少的工作、劳动收入，在上述案例中，误工期限以 180 日计，其计算标准以当地一年一度颁布的数据为基准。

法律链接

《民法典》第 1165 条、第 1179 条；《最高人民法院关于审理人身损害赔偿案件适用法律若干问题的解释》第 6—23 条

132 幼儿玩耍致人损害，监护人如何担责？

关键词：监护人责任

4 岁的张亮与 5 岁的李星均是广州市某幼儿园学生，某日幼儿园闭园后，张亮与李星在幼儿园的操场滑梯上玩耍，双方的妈妈在旁边聊天。张亮从滑梯底部逆行而上至滑梯上端时，李星在滑梯上用脚将张亮踹落至滑梯下，造成张亮受伤。法院经审理认为，张亮是被李星蹬踹后才摔落滑梯致伤，此时

幼儿园已经闭园，张亮、李星均由监护人从幼儿园接走，监护责任由幼儿园处转移至监护人处，故张亮受伤是李星直接的行为导致，但张亮本身也存在违反游戏规则的行为，故认定李星承担 80% 的责任，张亮承担 20% 的责任。因李星与张亮均是无民事行为能力人，赔偿责任应当由李星的法定监护人承担，最终判决李星的监护人向张亮赔偿损失 5 万余元。

普法讲堂

无民事行为能力人、限制民事行为能力人的监护人是其法定代理人，父母是未成年子女的监护人，父母已经死亡或没有监护能力的，依照相关规定确定监护人。《民法典》第 1188 条第 1 款规定："无民事行为能力人、限制民事行为能力人造成他人损害的，由监护人承担侵权责任。监护人尽到监护职责的，可以减轻其侵权责任。"设立监护制度的目的是保护被监护人的合法权益不受侵害，同时，监护人也要担起管教好被监护人的责任，对于被监护人造成他人损害的，监护人要承担责任。之所以作此规定，是由监护人的职责所决定的，由于大多数监护人与被监护人有血缘等密切关系，无民事行为能力人、限制民事行为能力人对日常生活中所面临的危险因素或危险源缺乏辨识与认知能力，需要监护人通过教育、管理等方式来减少或避免被监护人侵权行为的发生。因此，如果发生了无民事行为能力人、限制民事行为能力人致人受伤的情形，家长作为监护人，应当依法承担替代赔偿责任。

在上述案例中，李星在滑梯上用脚将张亮踹落至滑梯下，系对张亮实施加害行为，并且具有主观过错；李星该加害行为造成张亮跌落受伤，具有损害结果，且两者具有因果关系，因此其侵权责任成立，但因侵权行为发生时李星为无民事行为能力人，所以李星不承担民事责任。此时幼儿园已经闭园，李星正处于监护人看管下，监护人却在旁边聊天，疏于看管而造成伤害，因此无须由幼儿园承担责任，而应由其监护人承担替代责任，并且，根据《民法典》第1188条第2款，被监护人自身无收入来源或财产，因此其无法支付赔偿费用，而应直接由监护人支付。

法律链接

《民法典》第1188条

133 公司员工送货途中撞伤路人，由谁来赔?

关键词：用工责任

丰成公司接到一批货物订单，遂派公司员工刘化永驾车出门送货，谁知车辆驶出不久后便撞上横穿马路的行人王卫东。交警认定刘化永驾车速度过快，未注意观察路面情况确保安全，负事故主要责任，王卫东违反规定横穿道路，负次要责任。王卫东受伤送医后，花费医疗费4万余元，经鉴定构成8级伤残。事故发生后，王卫东与刘化永、丰成公司就赔偿问题协商无法达成一致意见。刘化永认为："行驶过程中我的车速过快确实存在一定的责任，但是我是为公司送货，这难道不应该由公司负责吗？"丰成公司认为："虽然此次交通事故是在送货过程中发生的，但事故发生的主要原因是刘化永驾车速度过快和王卫东违反规定横穿马路，与我司并无多大关系。"因赔偿问题一直商榷不下，王卫东将刘化永、丰成公司一并起诉到了法院。法院审理认为，丰成公司与刘化永构成雇佣关系，因此，刘化永因执行工作任务造成行人王卫东损害，应由用人单位，即丰成公司向受害人王卫东承担损害赔偿责任。

普法讲堂

现代社会中，因生产生活的不同需要而雇用他人的情形常有发生，用人者与被雇用人之间的关系也多种多样。而其中对于具有雇佣关系的用人单位与工作人员，用人单位的工作人员因工作造成他人损害的，用人单位对外承担侵权责任。《民法典》第1191条第1款规定："用人单位的工作人员因执行工作任务造成他人损害的，由用人单位承担侵权责任。用人单位承担侵权责任后，可以向有故意或者重大过失的工作人员追偿。"工作人员因执行工作任务而造成其他人损害，应当先行由用人单位向外承担替代责任，并且用人单位承担的是无过错责任，只要工作人员实施侵权行为造成他人损害，用人单位就要首先承担赔偿责任。之所以作此规定，是因为工作人员是为用人单位工作，用人单位可以从工作人员的工作中获取一定的利益，工作人员因工作产生的风险，需要用人单位承担，并且用人单位一般相较于工作人员经济能力较强，让其承担责任有利于保护被侵权人的利益，也有助于督促用人单位在选任工作人员时尽到谨慎和注意义务，加强监护管理。

在上述案例中，刘化永作为丰成公司的员工，是以丰成公司名义为客户提供送货服务的，且在送货时受丰成公司的指示与监管，其报酬由丰成公司发放，所以刘化永与丰成公司之间成立雇佣关系，刘化永为公司送货属于执行工作任务，途中发生交通事故，丰成公司作为用人单位应承担替代赔偿责任。但根据《民法典》第1191条的规定，如果工作人员因故意或者重大过失造成侵权，用人单位承担侵权责任后可以再向该工作人员追偿，因此，如果可以证明刘化永主观上系故意或者重大过失，则丰成公司在向王卫东承担了替代赔偿责任后，可以向刘化永追偿。

法律链接

《民法典》第1191条

134 村民私自摘杨梅跌落致死，村民委员会是否承担责任？

关键词：安全保障义务

红山村景区为国家AAA级旅游景区，不设门票。红山村村民委员会是景区内情人堤河道旁杨梅树的所有人，其未向村民或游客提供免费采摘杨梅的活动。某日下午，红山村村民王峰私自上树采摘杨梅不慎从树上跌落受伤。随后，有村民将王峰送至红山村医务室治疗，但当时医务室没有人员值班。有村民拨打120急救电话，但120救护车迟迟未到。后红山村村民李飞自行开车送王峰到广州市花都区某医院治疗。王峰于当天转至另一医院治疗，后因抢救无效于当天死亡。李秋香系王峰的配偶，其向法院起诉，主张被告红山村村民委员会未尽到安全保障义务，在本案事故发生后，被告未采取及时和必要的救助措施，应对王峰的死亡承担责任，请求判令被告承担70%的人身损害赔偿责任60余万元。最终法院判决驳回原告的诉讼请求，因为公共场所经营管理者的安全保障义务应限于合理范围内，与其管理和控制能力相适应。完全民事行为能力人王峰因私自攀爬景区内果树采摘果实而不慎跌落致其自身损害，其家属主张经营管理者承担赔偿责任的，人民法院不予支持。

普法讲堂

安全保障义务是公共场所或公共设施管理人的一种法定义务，安全保障义务人既要保障其管理的场所和设施的安全性，也要对在场所内活动或使用设施的人进行必要的警告、通知说明，以预防侵害的发生。《民法典》第1198

条规定:“宾馆、商场、银行、车站、机场、体育场馆、娱乐场所等经营场所、公共场所的经营者、管理者或者群众性活动的组织者，未尽到安全保障义务，造成他人损害的，应当承担侵权责任。因第三人的行为造成他人损害的，由第三人承担侵权责任;经营者、管理者或者组织者未尽到安全保障义务的，承担相应的补充责任。经营者、管理者或者组织者承担补充责任后，可以向第三人追偿。”判断公共场所的管理人是否尽到安全保障义务，应当以管理人的行为是否符合法律、法规或特定操作规程的要求，是否尽到了善良管理人同类情形下通行的注意义务作为衡量的尺度。在公共场所的管理人已经尽到安全保障义务的前提下，受害人因自身过错导致损害事实发生的，损害后果应自行承担。

在上述案例中，首先，红山村村民委员会没有违反安全保障义务。红山村村民委员会作为红山村景区的管理人，虽负有保障游客免遭损害的安全保障义务，但安全保障义务内容的确定应限于景区管理人的管理和控制能力的合理范围之内。红山村景区属于开放式景区，未向村民或游客提供采摘杨梅的活动，杨梅树本身并无安全隐患。其次，王峰作为具有完全民事行为能力的成年人，应当充分预见攀爬杨梅树采摘杨梅的危险性，并自觉规避此类危险行为。再次，王峰的坠亡系其私自爬树采摘杨梅所致，与红山村村民委员会不具有法律上的因果关系。王峰作为红山村村民，私自爬树采摘杨梅，违反了村规民约，导致了损害后果的发生，该损害后果与红山村村民委员会不具有法律上的因果关系。最后，红山村村民委员会对王峰私自爬树坠亡的后果不存在过错。王峰坠亡系其自身过失行为所致，红山村村民委员会难以预见和防止王峰私自爬树可能产生的后果。虽然红山村为事件的发生地，杨梅树为红山村村民委员会集体所有，但王峰的私自采摘行为有违村规民约，而红山村村民委员会并未违反安全保障义务，不应承担赔偿责任。

法律链接

《民法典》第 1198 条

135 在微信群里公然辱骂他人，是否担责？

关键词：网络侵权责任

张小然与李华均为南京某小区业主，同在该小区一个成员近 500 人的业主微信群里。李华因与张小然有私人矛盾，在该业主群发送张小然的照片，照片上标有张小然的手机号，并在群内长期频繁发布针对张小然的恶意辱骂言论，后又在群里 @ 张小然，引起其他群成员围观评论。这令张小然痛苦不堪，几次与李华沟通都未果。张小然迫不得已对李华提起侵权诉讼。法院审理认为，小区业主微信群里有许多业主，李华在微信群中公然辱骂张小然，侵犯了受害人的名誉权，使得张小然名誉受损，令张小然痛苦不堪，其具有侵权的故意，因此，法院判决认定李华在群内发表辱骂言论的行为构成名誉权侵权，判令李华在小区公告栏张贴声明向张小然赔礼道歉，声明张贴时间不得少于 30 日，并赔偿张小然精神损害抚慰金 2000 元。

普法讲堂

在“互联网 +”时代，用微信发朋友圈、群聊互动等已经成为日常生活的新元素，但网络空间不是法外之地，网络活动也要守住法律红线、道德底线，守好言论界限，因此，《民法典》第 1194 条规定：“网络用户、网络服务提供者利用网络侵害他人民事权益的，应当承担侵权责任。法律另有规定的，依照其规定。”该条作为网络侵权的一般规定，可以解决网络侵权行为有增无减的突出问题，凸显网络并非法外之地。网络用户利用网络侵害他人民事权益，大体上可以分为以下几种类型：一是侵害人格权，如在网络上发表攻击、诽谤他人的文字，侵害名誉权；二是侵害财产利益；三是侵害知识产权。在微信群、朋友圈等互联网平台上侵害他人民事权益的，受害人有权依法请求行为人承担民事责任。

在上述案例中，李华作为完全民事行为能力人，对于案涉图片当中针对张小然使用侮辱性文字标注的含义，应有明确的判断。案涉微信群成员近 500 人，微信聊天内容具有公开性，且张小然与李华均在该群中，李华对于可能引起的关注度及影响范围应有清楚认知，其行为存在明显的主观过错，客观上造成了对张小然社会评价的贬损，构成对张小然名誉权的侵害，应承担相应的侵权责任。

法律链接

《民法典》第 1194 条

136 乐于助人且无过错需不需要承担侵权责任？

关键词：助人为乐　过错责任

田丰与徐明在市第一人民医院骨科的病房陪护各自家人。6 月 14 日晚上 8 时，田丰看见骨科病房的开水房附近走道上有积水，出于好意，为防止他人因积水摔倒，于是使用拖把对医院开水房进行清理，又使用该拖把对楼道走廊进行了擦拭，导致所涉地面潮湿。当晚，徐明步行至上述位置时，因地面湿滑摔倒在地。该公共区域的保洁工作由受医院委托的保洁人员负责，保洁人员的保洁时间为每天05：30—9：30、13：00—17：00。徐明于晚上8时10分摔伤，在此之前的一段时间处于非保洁时间，案涉公共区域无人进行卫生保洁。徐明后经诊断，其右锁骨粉碎性骨折，构成10级伤残，花费大量医疗费。徐明遂向人民法院起诉市第一人民医院和田丰，要求赔偿损失。

普法讲堂

《民法典》第1165条第1款规定，“行为人因过错侵害他人民事权益造成损害的，应当承担侵权责任。”行为人承担侵权责任的前提之一是其具有过错。过错是行为人行为时的一种应受谴责的心理状态。正是由于这种应受谴责的心理状态，法律要对行为人所实施的行为作否定性评价。过错分为故意和过失，故意表现为行为人对损害后果的追求、放任心态，而过失表现为行为人不希望、不追求、不放任损害后果的心态。

田丰出于好意，用保洁人员放在走廊里的拖把清理开水房的积水及附近走廊里的水渍，并无过错，不应承担责任。徐明摔伤的时间段内，市第一人民医院的骨科开水房及走廊等公共区域处于无人保洁的状态。徐明摔伤前，开水房有积水，开水房附近的走廊有点状或片状的水渍，经过此处的行人有滑倒摔伤的危险，具有安全隐患。市第一人民医院存在管理上的疏忽，在较长时间内没有对走廊等公共区域的水渍进行保洁清理，未尽到安全保障义务，导致他人跌倒受伤，应承担相应责任。徐明行走时疏于注意，应自担部分损失。

本案中，田丰助人为乐的行为不具有过错，不但不应承担法律责任，反而应予提倡和鼓励，法律应当旗帜鲜明为助人为乐者撑腰，让人民群众能够感受到司法的温度、法律的温情及社会的公平正义。

法律链接

《民法典》第1165条

137 汽车司机因安全气囊未爆开弹出受重伤，生产者是否要赔？

关键词：产品责任

“十一”国庆长假期间，杨峰驾驶自己的轿车和妻子、女儿一同外出去昆明旅游。在行驶途中，对面来向车辆较多，杨峰为躲避车辆，不小心将自己的车驶出高速公路右侧，从而造成车辆严重损毁、本人受伤的交通事故。后当地交警来到现场，通过查看录像和勘测现场，最终认定杨峰负事故全部责任。事故发生时副驾驶座上的安全气囊及时爆开弹出，座位上的人员受轻微伤，但驾驶员座位上的安全气囊却没有及时爆开弹出，导致杨峰当场受伤昏迷，住院治疗 32 天，花去医疗费 10 万余元。后经司法鉴定，结论为杨峰严重面瘫，构成 5 级伤残。杨峰认为其损伤系该车安全气囊质量不合格所致，经与车辆生产公司协商无果，杨峰提起诉讼，要求生产公司赔偿损失 16 万元并承担诉讼费用。法院经审理认为，在车辆受到碰撞后仅副驾驶座位安全气囊爆开弹出，而驾驶员座位安全气囊未爆开弹出的事实，证明涉案车辆存在驾驶员座位安全气囊受到一定程度的碰撞未能爆开弹出的缺陷，涉案车辆存在的缺陷与原告受伤致残的后果存在因果关系。由于本案交通事故的发生原告负有不可推卸的责任，应当适当减轻被告的赔偿责任，故酌定由被告汽车生产公司承担 80% 的赔偿责任。

普法讲堂

产品责任是指产品存在缺陷发生侵权，造成他人损害，生产者、销售者等所应当承担的侵权责任。《民法典》第 1202 条规定：“因产品存在缺陷造成他人损害的，生产者应当承担侵权责任。”根据该规定，产品责任采取无过错责任的归责原则，构成产品责任须具备三个要件：一是产品具有缺陷，该缺陷并非指产品有瑕疵，而是指产品存在“不合理危险”，产品质量已经达到危害生命和财产安全的程度；二是须有缺陷产品造成受害人损害的事实，这是指缺陷产品的使用人或者第三人因缺陷产品受到损害的客观存在，损害事实包括人身损害和财产损害；三是缺陷产品与损害事实之间存在因果关系，产品的缺陷与受害人损害事实之间存在引起与被引起的关系。

在上述案例中，安全气囊属于汽车被动性安全保护设施，事故发生后，应当在一定条件下自动爆开，对驾驶人员和乘车人员进行安全性保护。而实际上，首先，安全气囊存在质量缺陷，前排副驾驶员座位安全气囊爆开弹出，副驾驶上人员仅受轻微伤，而驾驶员位置上的安全气囊未弹出，足可见安全气囊具备引爆条件却并未弹出，因此，安全气囊存在质量缺陷。其次，存在受害人遭受损害的事实，杨峰所在驾驶员位置上的安全气囊未爆开弹出导致杨峰当场昏迷，造成面瘫 5 级伤残的严重后果。最后，安全气囊未弹出与驾驶员受伤具有因果关系。因此，汽车生产者应承担产品侵权责任。

法律链接

《民法典》第 1202 条

138 好意搭乘同事出车祸，该由谁来赔？

关键词：好意同乘

董玉成和于永平是同事，两人因同住一个小区，所以于永平每天搭乘董玉成的汽车上下班。某天下班路上，董玉成驾驶汽车违规行驶，与其他车辆相撞，造成车辆受损，于永平重伤、董玉成轻伤。于永平因伤势严重被送至医院治疗，共花费医疗费10万余元。对于家庭经济状况不是很好的于永平来说，10万余元医疗费不是小数目，于是他便找董玉成沟通索要医疗费。而董玉成认为自己是出于好心搭载于永平上下班，并没有向于永平索要车费，发生事故他也很抱歉，出于友情愿意为于永平承担一部分医疗费。然而于永平并不认可，为了维护自身合法权益，他将董玉成诉至法院，要求赔偿医疗费、误工费等费用共计20余万元。法院审理认为，虽然董玉成出于好意同意于永平搭乘，但董玉成作为驾驶员，必须承担起安全驾驶的义务。根据法律规定，行为人因过错侵害他人人身权益，造成人身损害，应当承担赔偿责任。本案中，董玉成因自己一方的责任发生交通事故造成于永平受伤，应当承担赔偿责任。但鉴于于永平和董玉成此时构成好意同乘，并且董玉成并不存在故意和重大过失，可减轻其赔偿责任。所以，法院判决董玉成承担60%的赔偿责任，于永平自行承担40%的责任。

普法讲堂

好意同乘是指非营运机动车的驾驶人基于亲情或者友情在上下班、出游途中无偿搭载自己的亲朋好友、邻居、同事等人的情形，俗称“搭便车”。好意同乘可以缓解交通压力、实现资源最大化利用、节约资源。《民法典》第1217条规定：“非营运机动车发生交通事故造成无偿搭乘人损害，属于该机动车一方责任的，应当减轻其赔偿责任，但是机动车使用人有故意或者重大过失的除外。”首先，好意同乘不适用于营运机动车，营运车辆搭载乘客，双方之间形成合同关系。其次，好意同乘应当减轻机动车一方的责任，因为既然属于好意，如果不减轻被搭乘人的责任，有违民事活动应尊重公序良俗、社会公德的原则，做好事的人反而却得不到好的结果，与公序良俗原则相违背，并且，只能减轻而不能免除机动车一方的责任，在鼓励人际友善、利他行为与承担法律责任方面寻求平衡。最后，如果在好意同乘中，机动车一方有故意或重大过失的，不减轻其对无偿搭乘人的赔偿责任。

在上述案例中，首先，董玉成和于永平是同事，于永平无偿搭乘董玉成驾驶的机动车回家，董玉成的车并非营运机动车，两人之间构成好意同乘；其次，董玉成因违规行驶发生交通事故，造成于永平受伤，应当承担赔偿责任，但因为于永平和董玉成构成好意同乘，并且董玉成并不存在故意和重大过失，此时构成减责事由，所以可减轻被搭乘人董玉成的赔偿责任。

法律链接

《民法典》第 1217 条

139 羽毛球场上被球击伤，谁来负责？

关键词：自甘冒险原则

宋飞、周雨均为羽毛球业余爱好者，经常一起参加羽毛球比赛。某日上午，宋飞、周雨与朋友在公园内露天场地进行羽毛球 3 对 3 比赛。运动中，宋飞站在发球线位置接对方网前球后，将球回挑到周雨方中场，周雨迅速杀球进攻，宋飞直立举拍防守未果，被羽毛球击中右眼。事发后，宋飞至北京某医院就诊治疗，术后 5 周余验光提示右眼最佳矫正视力为 0.05。宋飞遂诉至法院，要求周雨赔偿医疗费、护理费、住院伙食补助费、营养费等各项费用。

普法讲堂

竞技体育运动不同于一般的生活领域，主要目的即为争胜，此类运动具有对抗性、人身危险性的特点，参与者均处于潜在危险中，既是危险的潜在制造者，也是危险的潜在承担者。羽毛球运动系典型的对抗性体育竞赛，除扭伤、拉伤等常规风险外，更为突出的风险即在于羽毛球自身体积小、密度大、移动速度快，运动员如未及时作出判断即会被击中，甚至击伤。宋飞作为多年参与羽毛球运动的爱好者，对于自身和其他参赛者的能力以及此项运动的危险和可能造成的损害，应当有所认知和预见，而宋飞仍自愿参加比赛，将自身置于潜在危险之中，属于自甘冒险的行为。依照《民法典》第 1176 条第 1 款，在此情形下，只有周雨对宋飞受伤的损害后果存在故意或重大过失时，其才需承担侵权损害赔偿责任。本案中，周雨杀球进攻的行为系该类运动的正常技术动作，周雨并不存在明显违反比赛规则的情形，不应认定其存在重大过失，且现行法律未就本案所涉情形适用公平责任予以规定，故宋飞无权主张周雨承担赔偿责任或分担损失。

《民法典》施行前，由于法律规定不明确，人民法院在处理文体活动中身体受伤引发的民事纠纷时，容易出现认识分歧，进而引发争议。《民法典》确立“自甘冒险”规则，既统一了思想认识，也统一了裁判尺度。本案审理法院结合具体案情，适用“自甘冒险”规则，明确判决对损害发生无故意、无重大过失的文体活动参加者，不承担赔偿责任，亮明了拒绝“和稀泥”的司法态度，宣示了冒险者须对自己行为负责的规则，不仅弘扬了社会主义核心价值观，促进了文体活动的健康有序发展，也为《民法典》新规则的实施提供了有益的司法经验。

法律链接

《民法典》第 1176 条

140 去医院看腰竟病危死亡，医院要承担责任吗？

关键词：医疗损害责任

天津市民吕来和因腰部疼痛不适，到天津某医院治疗，并根据医院诊断住院治疗。医院在对吕来和进行术前检查时发现患者有感染征象，遂对其采取抗感染、补充白蛋白等医疗措施。但吕来和病情逐渐加重，发展为肺部感染，经全院会诊后诊断为败血症，转入感染科继续治疗，医院下达病危通知。之后吕来和病情进一步恶化，发生多器官功能障碍综合征，经抢救无效死亡。经司法鉴定后查明，吕来和的死亡原因符合脓毒败血症继发全身多器官功能衰竭，主要与其个人体质有关；天津某医院的医疗行为存在一定过错，与患者死亡之间存在一定因果关系，属次要责任。法院审理认定，天津某医院对吕来和死亡造成的损失应承担40%赔偿责任。法院按照规定计算死亡赔偿金，再根据天津某医院的过错程度确定其承担数额，判决天津某医院支付死亡赔偿金20余万元的40%，即8万余元。

普法讲堂

医疗损害责任是指医疗机构或医务人员在诊疗活动中，因过失对患者生命权、身体权、健康权造成损害时，依法承担的损害赔偿责任。《民法典》第1218条规定："患者在诊疗活动中受到损害，医疗机构或者其医务人员有过错的，由医疗机构承担赔偿责任。"该条确定了医疗损害责任的过错责任归责原则，医疗损害责任构成要件如下：首先，加害人须为医疗机构、医务人员等具有专业知识的机构和人员，这是因为医疗活动是一种专业性、技术性、风险性都很强的活动，涉及人民群众的生命健康安全。其次，损害是在诊疗活动中造成的，诊疗活动包括诊断、治疗、护理等环节。医疗机构存在过错，但因为医疗活动的特殊性，其过错的判定存在特殊之处，患者在医院进行诊疗时，医院除对患者进行术前常规告知之外，还应全面、客观、真实地告知该患者其病情是否有立即手术的充分必要性，以及采用尚处于推广阶段的新医疗技术的风险性，使患者作出同意接受该医疗行为的决定是建立在其真实及自愿的选择基础之上的。如医院违反该充分告知义务，在告知过程中存在倾向性引导，致使患者在未充分了解自身病情和认知风险的情况下选择手术，并产生损害后果，据此可认定医疗机构存在过错。最后，医疗机构或者其医务人员的过错还要和患者受到的损害具有因果关系。

上述案例，首先，属于在正规医疗机构下的诊疗活动，吕来和因腰部疼痛不适，到医院诊断住院治疗。其次，具备损害后果，吕来和术前检查时发现有感染征象，但在治疗过程中，发展为肺部感染，后又恶化为败血症，最终由于多器官功能障碍综合征，经抢救无效死亡，并且鉴定意见载明，天津某医院的医疗行为存在一定过错；天津某医院未尽必要注意义务的行为与患者损害后果之间存在相当程度因果关系的可能性，即属于医院的这一过错与患者损害后果之间存在因果关系。因此，该案构成医疗损害责任，应由天津某医院对吕来和家属承担赔偿责任。

法律链接

《民法典》第 1218 条

141 厂区乳化液因暴雨溢出，致村民承包地上的庄稼死亡，村民如何索赔？

关键词：环境污染和生态破坏责任

李有何系乐山市沙湾区某村村民，在村里的承包地上种植了12000株白芨。一天因突发暴雨，村旁百金公司厂区内储存的乳化液溢流出厂，进入厂区外排水渠，导致该村多数村民低洼地处土地被淹，并漫进李有何所种白芨地里，导致他所种的白芨死亡了大部分，只能放弃管理。百金公司厂区的乳化液外泄，还造成附近沙湾区、市中区部分农田被污染。事发后，区环保局、镇政府、村委会及百金公司召开赔偿协调会，对相关赔偿及后续事宜进行了处理。因对赔偿数额达不成一致意见，李有何将百金公司诉至人民法院。经法院实地勘察发现，李有何承包地种植的白芨已大部分死亡，只残存极少株数。法院审理认为，该暴雨并非不可抗力，判决百金公司赔偿李有何经济损失9万余元。

普法讲堂

环境是人类赖以生存的各种自然因素的总体，切实保护和改善环境关系到人民群众生命健康、社会和谐安定。《民法典》第1229条规定："因污染环境、破坏生态造成他人损害的，侵权人应当承担侵权责任。"根据本条规定，环境侵权责任适用无过错责任归责原则，即只要侵权人的行为与受害人的损害有因果关系，无论侵权人是否存在过错，都应当对其污染行为造成的损害承担侵权责任。污染环境是指对生活环境的污染，破坏生态是指对生态环境的破坏。之所以采取无过错责任归责原则，是因为在环境侵权中，造成损害的污染物主要是现代工业生产排放的废水、废气、固体废物等污染物，受害人并不具有专业知识，很难证明加害人具有过错，只有实行无过错责任原则，才能有效保护受害人的合法权益。基于此，考虑到受害人往往不具有与污染相关的专业知识，《民法典》第1230条规定："因污染环境、破坏生态发生纠纷，行为人应当就法律规定的不承担责任或者减轻责任的情形及其行为与损害之间不存在因果关系承担举证责任。"该条的举证责任倒置实际上将污染行为与损害之间的因果关系的举证义务加于污染者，有利于保护受害人的合法权益。

在上述案例中，李有何提供的政府出具的情况说明、照片、视频等证据，能够证明百金公司的乳化液随沟渠溢流出厂区漫到周围田地，李有何种植白芨的承包地在沟渠流向的下游，承包地内有积水，其种植土地内的积水可能系受污染的沟渠水，且致其种植的白芨受损，故李有何已提供了乳化液能造成白芨受损害的初步证据，同时百金公司乳化液溢流的行为与李有何白芨受损有因果关系。关于暴雨是否构成不可抗力从而免除百金公司的责任，不可抗力作为民事责任的免责事由，必须是在不可抗力作为损害后果发生的唯一原因时方可成立。在上述案例中，虽然案涉侵权发生时天降暴雨，但百金公司在本次侵权发生之前也因暴雨导致了乳化液泄漏，百金公司已能预见暴雨可能会造成乳化液泄漏的后果，应采取积极措施避免乳化液泄漏再次发生，百金公司并未提供证明其已采取措施仍不能避免乳化液泄漏的证据，不能认定天降暴雨系乳化液外泄的唯一原因，本次污染不属于不可抗力所致损害，百金公司不能免责。因此，百金公司应对李有何的损失承担损害赔偿责任。

法律链接

《民法典》第1229条、第1230条

142 修车工人作业时导致罐体发生爆燃致其死亡，谁来担责？

关键词：高度危险物责任

张国明在南京某停车场内承租停车位，搭棚子用于经营修车、修水箱、修油箱等业务，但没有营业执照。一天早上，运锋运输公司驾驶员白昌志驾驶油罐车卸下煤焦油后发现罐体后端阀门根部漏油，遂驾驶油罐车进入该停车场，停到张国明承租场地经营的汽修店，向张国明询问维修油罐车阀门事宜，张国明答复可以维修。当日 11 时左右，驾驶员白昌志认为维修时间较长，便自行离开维修店用餐办事。12 时左右，张国明在对油罐车罐体后端阀门根部处进行施焊作业时，罐体发生爆燃，张国明当场死亡，其妻子受伤。事故发生后，南京市某区应急管理局出具的事故调查报告指出，该起事故发生的直接原因为张国明在罐体根部短节法兰处进行施焊作业，导致罐体内可燃性爆炸气体发生爆燃。间接原因为张国明的汽修店未经工商登记且不具备相关维修资质，非法对危险货物运输车辆罐体进行焊接作业，运锋运输公司员工擅自到无危险品修理资质的汽修店焊接罐体，并且该停车场未进行工商登记，未建立健全安全生产管理制度，将场所出租给不具备安全生产条件和资质的个人，未对承租人进行安全生产管理，对危险货物运输车辆进出疏于管控。最终法院判决运锋运输公司赔偿张国明家属经济损失和精神损害抚慰金共计 50 余万元，停车场管理人赔偿受害人家属经济损失共计 10 余万元。

普法讲堂

日常生活中，易燃、易爆、剧毒、高放射性、强腐蚀性、高致病性等高度危险物无处不在，而面对这些高度危险物，我们常常由于缺乏警惕可能遭到意想不到的伤害。《民法典》第 1236 条规定：“从事高度危险作业造成他人损害的，应当承担侵权责任。”该条作为高度危险责任的一般规定，明确了高度危险责任为无过错责任。高度危险责任中，由于其归责的基础在于危险的存在，因此责任的承担者原则上是控制或应当控制该危险的人。高度危险作业的表述是一个开放性的概念，包括一切对周围环境产生高度危险的作业形式，一般认为应具备以下三个条件：一是作业本身具有高度的危险性；二是高度危险作业人即使采取安全措施并尽到了相当的注意义务也无法避免损害；三是不考虑高度危险作业人对造成损害是否有过错。

在上述案例中，首先，油罐车内残留的煤焦油属易燃、易爆的高度危险物，运锋运输公司员工作为专门从事高度危险物运输的工作人员理应知晓危险性，其作为高度危险物的实际控制人，应当采取安全措施，根据《民法典》第 1239 条，其前往无资质的张国明处维修车辆，运锋运输公司作为雇主应承担赔偿责任。其次，运锋运输公司员工选择到无资质的张国明处维修油罐车，张国明面对有“爆”字警示的油罐车，知晓易燃、易爆危险品的危险性，基于对车内危险品已卸车的判断，进行施焊作业，造成爆炸，根据《民法典》第 1236 条规定，其对损害的发生应承担无过错责任。最后，停车场的经营者应对有“爆”字警示的油罐车保持足够的警惕，明知停车场内商户不具备存储高度危险物车辆维修能力，放任该车进入停车场维修，存在过错，停车场的经营者作为出租人，也应根据其过错承担相应的赔偿责任。

法律链接

《民法典》第 1236 条、第 1239 条

143 流浪恶犬伤人，该由谁承担责任？

关键词：饲养动物损害责任

一天上午，上海市景舒苑小区突然蹿进一条黑狗，见人就咬，一连咬伤5人。当时，陈先生和妻子刚走出所住小区的6号楼，就见几步开外的空地上，一男子正和一条黑狗“对峙”。黑狗左蹿右闪，试图袭击，但均被男子用双肩包挡住攻势。陈先生还没反应过来是怎么回事，那条狗突然调转矛头，向他们扑来。陈先生下意识挡在妻子身前，右腿小腿肚顿时被黑狗咬了一口。黑狗得手后迅速跑开，陈先生连忙掏出手机报警。跑走的黑狗在小区内一路见人就咬，接连又咬伤了4人，其中有初中生，还有老人。那天的情况真是让一众居民胆战心惊。后来小区保安李某赶到，用一把干活用的铲子击倒了黑狗。

普法讲堂

随着饲养动物的人越来越多，一些不负责任的宠物主人随意遗弃自己的宠物，或者宠物自己在公共场所走失，造成了流浪动物的增多，给社会治安带来了更大的危险。《民法典》第 1249 条规定：“遗弃、逃逸的动物在遗弃、逃逸期间造成他人损害的，由动物原饲养人或者管理人承担侵权责任。”遗弃的动物是指被动物饲养人抛弃的动物，逃逸的动物是指饲养人暂时地丧失了

对该动物的占有和控制。饲养动物致人损害适用无过错归责原则。无论是动物饲养人或者管理人遗弃动物，还是未尽到管理责任致使动物逃逸，其行为都加剧了动物对人和社会的危险性，而损害的事实正是由于动物在失去人为的管理和控制下任意流动的危险性所导致。因此，动物原饲养人或者管理人应当对自己遗弃动物以及疏于管理没有尽到管理义务的行为承担责任。明确饲养人和管理人的管理责任，有助于从源头遏制遗弃饲养动物的行为，促使其看管好自己饲养的动物以防丢失的情况发生。

在上述案例中，饲养动物致人损害适用无过错归责原则，即只要饲养的动物造成他人损害的，动物饲养人或者管理人就应当承担侵权责任，而不论其是否有过错。因此，该流浪狗致使他人受到损害的，其饲养人或管理人须承担无过错责任。但因为找不到流浪狗的原主人或者管理人，小区的物业管理者应当负有一定的安全保障义务，对小区居民所受的伤害承担一定的赔偿责任。

但是动物致害责任也有例外规定，如果动物的饲养人或管理人对动物采取了适当的管理措施，由于被侵权人故意或重大过失造成被动物伤害的，动物饲养人或者管理人也可能不承担责任或者减轻责任。所以主动招猫逗狗造成自己受伤的，很可能要自食恶果。另外，对于动物饲养人，如果是未采取安全措施造成他人损害的，法律科以其更大的责任，在这种情况下即使能够证明损害是受害人故意造成的，也不能免除动物饲养人的责任而只能减轻责任。所以出门遛狗务必记得拴绳或者给宠物戴好保护头套。

在日常生活中，一些人还可能会饲养藏獒等大型烈性犬或者蛇、鳄鱼、蝎子等危险动物作为宠物，这对周围人的人身健康是存在威胁的。《民法典》第 1247 条对此作出了最为严格的责任规定：“禁止饲养的烈性犬等危险动物造成他人损害的，动物饲养人或者管理人应当承担侵权责任。”即危险动物致使他人受到损害的，饲养人或管理人一律承担全部责任，没有免责事由。因此，饲养动物应当遵守法律法规，尊重社会公德，不得妨碍他人生活。

法律链接

《民法典》第 1245 条、第 1246 条、第 1247 条、第 1249 条

144 从天而降的牛奶盒砸伤行人，伤者应找谁索赔？

关键词：高空抛物责任

吴美珍退休后与丈夫来到海南省某小区居住生活。一天早上，小区老年模特队在楼下走模特步时，突然从楼上接连扔下来三盒纸盒包装的牛奶，其中第二盒砸中吴美珍的头部，致其受伤。当天下午，吴美珍到区协和医院门诊治疗。该院初步诊断吴美珍为头部外伤、颈椎体向前滑脱。几天后，吴美珍感觉颈椎不适，便到海南省人民医院就诊，被该院诊断为颈椎不稳、脊髓型颈椎病，并建议其住院治疗。吴美珍采取门诊治疗的方式，先后到人民医院、附属医院等医院治疗，同时在药店自购药品进行治疗。

事件发生后，经公安机关排查，牛奶盒是租户袁聪从 21 层住房窗户扔下来的。吴美珍多次与袁聪协商医疗费用赔偿事宜，但因为双方就赔偿数额争议较大，无法协商一致，吴美珍遂向法院提起诉讼，要求袁聪赔偿各项经济损失 8 万余元，并申请有关部门进行伤残等级司法鉴定。经鉴定，吴美珍身体损伤构成 10 级伤残，后期康复费用需 1 万元左右。同时，司法鉴定确认吴美珍的颈椎不稳、脊髓型颈椎病与被牛奶盒砸中头部存在关联性。法院审理认为，被告一方因过错侵害他人民事权益，应当承担侵权责任，最终判决袁聪向吴美珍赔偿各项损失共计 7 万余元。

普法讲堂

实践中，建筑物抛掷物、坠落物致人损害的情形时有发生，对社会生活造成许多安全隐患，对他人的人身和财产安全造成了很大的威胁，并且还可能构成犯罪，“头顶上的安全”引起社会广泛关注。《民法典》第1254条第1款规定：“禁止从建筑物中抛掷物品。从建筑物中抛掷物品或者从建筑物上坠落的物品造成他人损害的，由侵权人依法承担侵权责任；经调查难以确定具体侵权人的，除能够证明自己不是侵权人的外，由可能加害的建筑物使用人给予补偿。可能加害的建筑物使用人补偿后，有权向侵权人追偿。”首先，法律明确禁止从建筑物中抛掷物品，这一规定是对建筑物中抛掷物品行为的严厉谴责和否定。其次，该规定仅限于从建筑物中抛掷的物品或者从建筑物中坠落的物品，如果物品并非从建筑物中抛掷和坠落，如在群众性活动中被从人群中抛掷出的物品砸伤，则不适用该规定。而且，由侵权人依法承担侵权责任其实是自己责任的体现，如果经调查难以确定具体侵权人，则由可能加害的建筑物使用人给予补偿。最后，该条也规定了物业服务企业等建筑管理人的安全保障义务和公安机关的及时调查义务。该条对填补被侵权人的损失，实现社会公平正义，以及合理分散损失，维护社会和谐秩序具有重要意义。

在上述案例中，首先，从楼上扔下来三盒纸盒包装的牛奶，其中第二盒砸中吴美珍的头部，满足加害行为要件；其次，受害人吴美珍头部外伤、颈椎体向前滑脱，被医院诊断为颈椎不稳、脊髓型颈椎病，身体损伤构成10级伤残，损害后果要件具备；最后，两者具有因果关系。但事发时无法确定抛掷人，后经公安机关及时调查，牛奶盒是租户袁聪从21层住房窗户扔下来的，因此，袁聪是该事故的责任人，其应当向受害人吴美珍承担损害赔偿责任。

法律链接

《民法典》第1254条

图书在版编目(CIP)数据

民法典学习读本 / 全国普及法律常识办公室组编.
—北京：中国法制出版社，2023.4
（全国“八五”普法统编读本）
ISBN 978-7-5216-3332-0

Ⅰ.①民… Ⅱ.①全… Ⅲ.①民法—法典—中国—学习参考资料 Ⅳ.①D923.04

中国国家版本馆CIP数据核字（2023）第039312号

责任编辑：戴　蕊　程　思

民法典学习读本
MINFADIAN XUEXI DUBEN
组编 / 全国普及法律常识办公室
经销 / 新华书店
印刷 / 三河市紫恒印装有限公司
开本 / 710 毫米 ×1000 毫米　16 开　　印张 / 16.5　字数 / 218 千
版次 / 2023 年 4 月第 1 版　　2023 年 4 月第 1 次印刷

中国法制出版社出版
书号 ISBN 978-7-5216-3332-0　　定价：59.00 元

北京市西城区西便门西里甲 16 号西便门办公区
邮政编码：100053　　传真：010-63141600
网址：http://www.zgfzs.com　　**编辑部电话：010-63141796**
市场营销部电话：010-63141612　　**印务部电话：010-63141606**
（如有印装质量问题，请与本社印务部联系。）